# 伝えるフローチャート

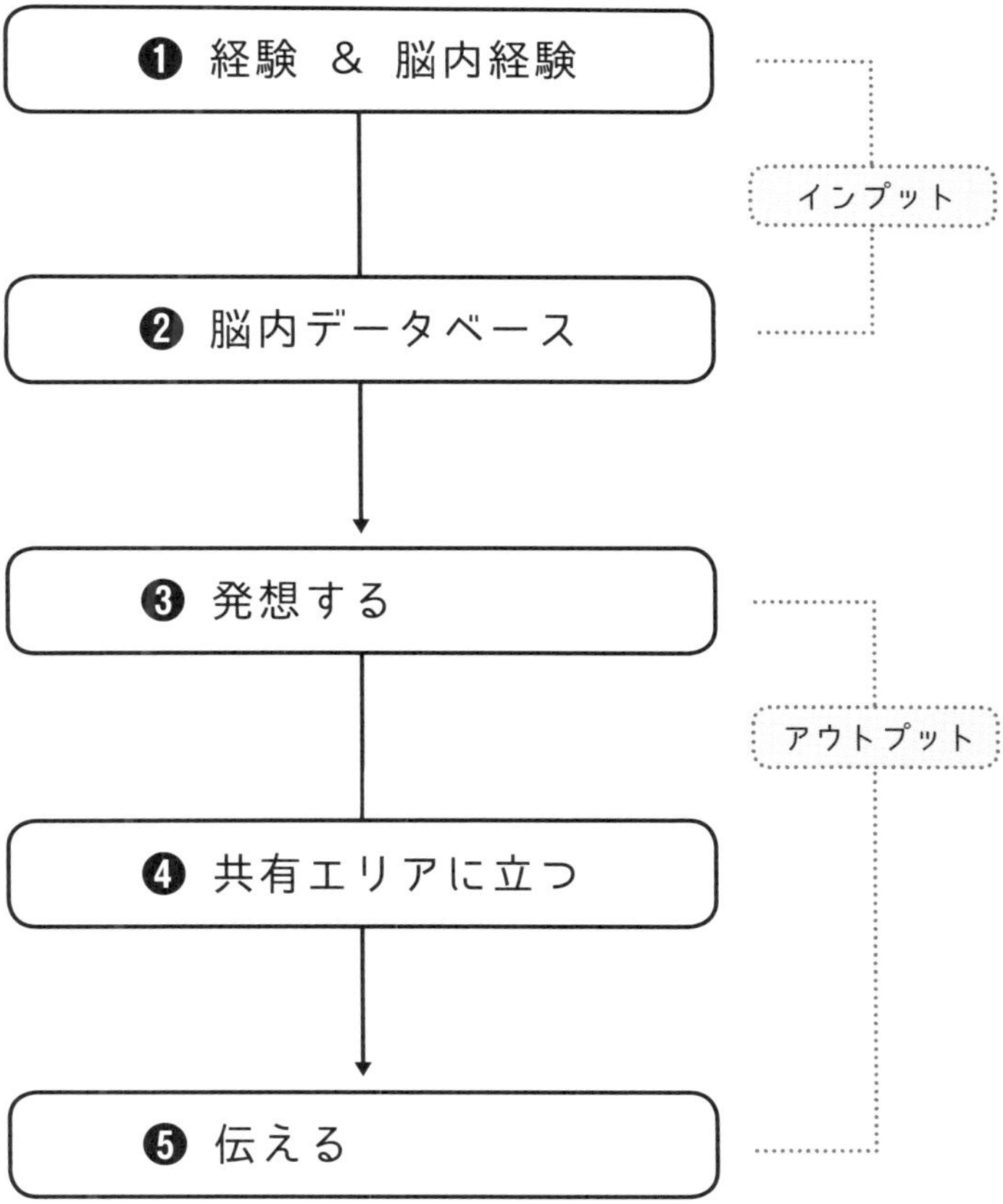

# 伝えるフローチャート

◉ このフローチャートは、**「インプット」**することと**「アウトプット」**することからできています。

◉ 多くのコミュニケーションに関する本は、**❺「伝える」**にあたるところを重視しています。つまり「アウトプット」。けれどもそこにたどり着きたければ、「インプット」することから始めなければなりません。

◉「伝わる」かどうかは「受け手がすべてを決める」と考えています。そのためには「受け手の言って欲しいことを言ってあげる」ことが必要です。これを**第1章**で取り上げます。

◉ ではその「言って欲しいこと」とは何なのか？　それを的確に推定するために必要なものが**❷「脳内データベース」**です。これを豊かにするのは**❶「経験」&「脳内経験」**。フローチャートを「川」に例えれば、「脳内データベース」は、考えるためのデータをため込む「ダム」や「貯水池」。「経験」&「脳内経験」は、そこに源流からの水を注ぎ込むもの、ということになります。これについては**第2章**で解説します。

◉「脳内データベース」が充実すれば、**❸「発想する」**の質と量が大幅にアップします。上手に伝えるためには、受け手と同じ**❹「共有エリアに立つ」**必要がありますが、発想が貧弱だとそれができません。**第3章**で詳しく説明します。

◉ このような長い流れを経て、ようやく**❺「伝える」**に至るわけです。最後に問題になるのは、「言葉」の使い方です。**第4章**で説明します。

↓

遠回りなようで合理的、「伝わるしくみ」を、
この本でぜひ体得してください。

# 伝わるしくみ

山本高史

マガジンハウス

「伝えたい」気持ちをなんとかしたい

## コミュニケーションは、そもそも難しいのだ

この手の本の著者は、さぞかし人付き合いにそつがなく、円満な人間関係を築いているのだろうなと思われるかもしれないが、残念ながら、少なくともぼくはそうじゃありません。

人とのコミュニケーションが、あまり得意じゃない。

団体行動が苦手だ。

それほど親しくない人との会食は避けたい。

愛想笑いが下手。

ウソも下手（よくつくクセに）。

粗暴にして臆病。

イライラしやすい。

感情は顔に出る。

いい歳をして引きこもりたいと思うことがたまに（ほんとうは、しばしば）ある。


**理由は、コミュニケーションは面倒くさいから。**

**それと、想像以上に厄介だから。**


そんなことで、よくもまあ図々しくも広告の仕事をして、大学ではコミュニケーションを説いてきたな、と思う。

ただ、自分のコミュニケーションのスキルやその結果に痛し痒《かゆ》しがあったから、ずっとそのことを飽きずに考え続けられたのだ、とも思う。

汚れやほつれがあれば、イヤでもそこに目が行くものです。


今の世の中、人に伝えること、人から伝えられることは、しばしば恐怖ですよね。

言葉足らずは誤解され、ちょっとした言い間違いは拡散する。

「コミュニケーションって最高！」なんていう人がいたら、それは勘違いか眉ツバじゃないか。こんなにも面倒で厄介なことを好きだなんてどうかしている。


さまざまな企業や機関の行う調査には「コミュニケーションが苦手だ」の理由が並んでいる。

**「自分の気持ちを伝えるのが下手」「上司とうまくコミュニケーションが取れない」「自分から話しかけるのが苦手、話題が浮かばない」「雑談力が弱い」「典型的な会話はできるが、さらに発展した会話をするのがダメ」**などなど。

（「コミュニケーション苦手」という調査結果のなんと多いことよ）


そうなんですよね。そういうことなのだと思います。

コミュニケーションは人によって得手不得手があるのではなく、多くの人にとっても等しく面倒で厄介なものであるものらしい、ということ。

だったら本書の読者という受け手も、著者という送り手も、面倒くさい同士だから齟齬《そご》もないはず。わかり合える。そこから始めましょう。

面倒くさいことが前提だから、論点を明確に。
やるべきことをシンプルに。
でもシンプルはイージーとは限らないですぜ。
いざ伝える時には、細心に、そして攻撃的なくらいに。
「伝える」と言っても、達成感はさまざま、人それぞれ。
本書ではこんな成功イメージを持っています。

**◉気の利いたことが言えるようになる**

例えば雑談力が強くなる。人が聞いてくれるので、話すことが苦にならなくなる。

**◉提案力が高まる**

言葉が伝わりやすくなり、アイディアに説得力が出てくる。仕事も日常も、もっとラクに楽しく。

## ◉コミュニケーションを生業にするもよし

今その関係の仕事についている人にも、その希望を持っている人にも、ヒント以上のものとなると思います。

しばらくお付き合いください。2、3日で読み終えられると思います。役に立つと思います。

ぼくは人とのコミュニケーションは相変わらず面倒なのですが、コミュニケーションを考えることは好きなもので。

(勘違いか眉ツバ？)

# 難しくて面倒で厄介だ、というところから始めましょう

「伝える」という言葉には実に魅力的な響きがあって、数多くの人がその方法論の獲得やスキルの習熟を渇望していて、それに呼応するように数多くの「伝わる」書籍が出版されています。

伝え方には人それぞれあっていいし、その指南書のようなものもいろいろあってい
い。ここで書かれているのもその中の一つの方法論に過ぎないのですが、ぼくは次のようなロジックで提案しようとしています。

**伝えることは難しい。**
**難しいと思うのにはそう思わせる原因がある。**
**まずその原因を明らかにすること。**
**そしてそれを解消すればいい。**
**原因がなくなれば難しいということはなくなる。**

先に「面倒くさいことが前提だから、論点を明確に。やるべきことをシンプルに」と書きました。

具体的には、まず「うまくいかない原因を明確にして→それを解消する」ということ。

伝えることの難しさは、どうやら対症療法（こういう時はこうしましょう）や部分的な改善だけではすまないようです。ならばいっそのこと、うまくいかない原因まで

掘り下げてみてそれを解消することが、効果的でむしろ効率がよいと考えています。

## 伝わらないことには原因がある

伝わらないのは運が悪いのでも、受け手との相性が悪いのでもなく、そこには（確かにそれじゃ伝わらないわ）という原因があります。

その原因を解明します。そしてその解消の方法を提案します。解消すれば原因がないのだからもう問題はない、というわけです。

その原因は４つ。

### ❶受け手という存在を認識・理解していない。

「伝わるかどうかはすべて受け手が決めることなので、受け手の価値観や尺度に則《のっと》って伝えなければならない。しかしそれを知ってか知らずか、自分の価値観や尺度による判断のまま受け手に送ってしまっている。ゆえに伝わらない」ということ。

**❷想像や発想のための知的経験値「脳内データベース」が乏しい。**

「知っていることの範囲でしか想像もできないのに、自分が何を知っているかも顧《かえり》みず、なんとか発想し伝えようとしても何も思いつかないか思いついても浅いこと、もしくは勘違い。妥当性も低ければ、面白くもない。ゆえに伝わらない」ということ。

**❸受け手との「共有エリア」に立っていない。**

「受け手を理解しがたい存在としか捉えていないので、受け手に対する想像力は根拠を伴わない当てずっぽうのようなもの。その結果が的確に受け手を動かすことなど稀《まれ》だ。やはり伝わらない」ということ。

**❹言葉は思いのほか大変だ。**

「言葉の持っている基本的な性質や難しさを理解しないで、自分の思うまま伝わると思っているので、誤用・濫用にも気がつかない。どんなすばらしい想像も発想も言葉を効果的に用いないと意味をなさない。ゆえに伝わらない」ということ。

伝わらない原因は、そのどれか、もしくは、そのすべて。

❶も❷も❸も❹（そう言われればそうだなあ、確かにそれじゃダメなんだなあ）と思ってもらえるようなことだと思います。

それらを具体的に明らかにしながら、その解消を図ります。

面倒くさいことが前提だから、論点を明確に。やるべきことをシンプルに。

（❶❷❸❹をそれぞれ、第1章、第2章、第3章、第4章で扱います）

タイトルにある「しくみ」には、「組み立て」とか「構造」という意味があります。「伝わるしくみ」を組み立てましょう。

また「しくみ」には「くわだて」という意味もあります。「しくまれた！」というヤツですね。こちらから「しくんで」やるのです。

目次

第2章

# 「脳内経験」と「脳内データベース」

第3章

# 「共有エリア」への道

## 第4章

# 「言葉」の使い方

装丁・本文デザイン　轡田昭彦＋坪井朋子
イラストレーション　小島洋介

第1章

# 「言葉のメカニズム」を知る

この章では、原因①
「受け手という存在を認識・理解していない」の現実と、
その解消について説明します。

前置きが長くなりました。ここからが本編です。

## コミュニケーション疾風怒濤時代〜失望篇

まずはぼくの青くさく情けない昔話から始めます。

コミュニケーションの面倒くささ、厄介さを痛感した実話であります。


決して人間嫌いだったわけではないと思うが、子供の頃から人付き合いに積極的な方ではなかった。

「一人っ子」に原因を求めるのはあまりにも短絡的で、世界中の「一人っ子」にゴメンなさいなのだが、当たらずとも遠からずで、一人で解決しなければならない問題や、一人で潰さなければならない時間に慣れてしまうのはしようがないこと。

そもそも仕事での成功や、豊富な人間関係に充足感を見い出そうとしなければ、個人として生きていく分には数個の関係性で事足りるものだ。

そうだとすれば人付き合いの面倒くささを、あえて多めに背負い込む必要もないわな、と今でもときどき思う。

（いま一年中、学生たちと接していて、彼らの「面倒くさい思いまでして人と付き合うことはないよね」という気分は、ほんとうによくわかる。「そういうの損だよ」と口では言っていますが）

そういうことだから、物心ついた頃から人の真ん中や矢面に立ったことはなかった。その気もないし、向いてもいなかったし、もちろん請われることもなかった。ぼくは好きな音楽を聴き、好きな服を着て、好きなことをして、周りから浮きながらもあえて遠ざかることもなく、アイツは変わり者だからしようがないよと、消極的に存在を承認してもらえれば十分だった。そう多くはない気の合う友達と好きな女の子との関係を維持していればよかった。

その青春が一般的に幸福だったかどうか考えたことはなかったが、1985年3月大学を出るまでのぼくにはそのような生き方を選択することが可能だった。

## 不安と葛藤

1985年4月、ぼくは大学を出て、当時一つの会社としては世界一の取り扱い高の広告代理店に入社した。

何しろコミュニケーションの会社に先述のような若者、である。しかも「広告の会社を志望して入った」のではなく「受かったのが広告の会社」という順序だったので、広告のことなんかほぼわからない。コピーのことを複写機で何かすることと思い込み、それにしてもコピー機をライトするコピーライターって何をどうする人なんだろう？と訝《いぶか》しがっていたほどの体《てい》たらく。

そんな若者の行く道が平坦なわけがないですよね。その先がどのようなものかは想像もつかなかったが、嫌な予感をやり過ごせるほど鈍感でもなかった。（オイオイ、えらいことになっちゃったぞ）という感じだった。

正直、ここから人生が変わります。

（始まったのかもしれません）

今も昔も社会人となれば、お決まりの新人研修から始まる。

同期入社は、男子一般採用130何人、女子60何人、アート採用（グラフィックデザイナー）は確か8人。女子は全員短大卒で、グラフィックデザイナーも全員男子。

（男女雇用機会均等法施行前年のことでした）

それらが全員、東京築地本社ビルの13階大ホールに集められて、9時半から17時半までいろんな上司や先輩や社外の方のありがたくも眠たい話（失礼）を聴く。夜は夜で班（10人くらいだったかな）ごとにリーダー（40歳前後、管理職手前）、サブリーダー（入社3~5年目くらいの先輩社員）に連れられて、夜の街を飲み歩く。

（例の性格ゆえに、相当、苦痛）

入社したばかりの頃は、無邪気な希望と無謀なやる気だけはあるものの、先を見通す想像力も知識もなく日々育つ不安を隠し持って、たまたま同期と呼ばれることになった同じく無邪気で無謀な若者たちと同床で異夢を見ているような時期。

むしろ異夢でいいから、ただ「まあそういうヤツだから」と、周りから存在を消極的に承認されればいいと願っていたのだが、どっこいそうはいかなかった。

## 若者大爆発

「事件」は研修も明日で終わりという夕方に起きた。

習わしとして新人研修の最後は合宿と称して、富士五湖方面のホテルで打ち上げることになっていた。班単位ならば10人程度の無邪気で無謀な若者は、総数で十数倍に嵩《かさ》を増していた。

翌朝には配属部署（営業とか、マーケとか、国際とか、ラテとか、クリエーティブとか）の発表という緊張の大イベントが控えている。勤務地は入社前に各々に通知されていたが、男子の行き先は出身地、出身校、その街に彼女のいるいないを問わず、本社・支社・支局、稚内から那覇までと幅広く、各人が思い思いに安堵や不安や恨みを打ち上げの場に持ち寄っていた。

「事件」の諸条件は整っていた。

最後の講義が終わってぼくがある班の部屋の前を通りがかった時、いきなり名前も知らない同期に身に覚えのないことで難癖をつけられた。何ごとかと驚くぼくは、さらにその場にいた男数人から袋叩きにあう。

合気道部出身で比較的身体が打たれ強かったのと、すぐに誰かが止めに入ってくれたから大事はなかったが、とにかく何がどうしてそうなったのかもわからない。問わずとも連中の一人が教えてくれたのだが、ぼくに関するある噂が突然の暴力の原因らしい。その噂は、ここで字にするのもはばかられるようなものだ。もちろん身に覚えもなく、根も葉もなく、あまりの突拍子のなさに口もあんぐりだった。

火種はあったらしい。平たくいうと、ぼくとある同期女子がある飲み会で親密に話し込んでいたらしい。

(覚えていなかったが)

彼女に好意を寄せるある男がそれを見て、ぼくと彼女の間に入ろうとしたがうまくいかなかったらしい。

(ぼくが対応を間違えていたのだろう)

彼はそれを不愉快に思い(ここまではいい)、ある種の悪意をもってぼくのことを言いふらしたらしい。それがどう転んだか、ありえない噂となって連中に共有された。

無邪気で無謀な若者の不安が沸点に達していたのだろう。その気持ちは理解できた。もうぼくは怒ることを放棄した。

（もちろん悲しかったですよ）

先輩に呼ばれて、ウイスキーを飲んだ。部活のコンパで飲まされ慣れていたおかげで、そんなクソ気まずい酒も飲めた。酒を飲めば何かが解決するわけではないが、彼としてはまあ手打ちにしろよということだ。

ぼくは新入社員らしく失礼のないように「そんなこと常識的にありえないじゃないですか？」と先輩に丁寧に問うた。彼は「誤解される方も悪い」と言った。

（退職して10数年経た今でも、その会社は素晴らしい時間と場所だったと思っている。ただそういう荒々しい時代だっただけのこと。ぼく自身そういうものかと受けとめていた）

## 困ったことになったぞ

ぼくはその「事件」で、図らずも得るものがいくつかあった。

世界一の企業ともなると周りの新入社員はどれほどのものだろうと、正直自分の力不足に怯《おび》えていた。同期たちは自分のキャリアにヴィジョンを持っているように見えたし、会話の中に業界用語や著名な業界人の名前を頻発させていた。

ヴィジョンどころかロクな知識も能力も持ち合わせないから、彼らとの付き合いは居心地が悪かった。

ところが憶測に反して、彼らが自分とどっこいどっこいであったことには安心したし、おかげで20数年後退職するまで、会社や組織に過剰な想像をすることはなくなった。

(彼らのうち数人とはすぐに友達になった。すぐに和解できるのが、若者のよいところである)

ただちょっとマズイな、困ったなと思った。

**まず「誤解される方も悪い」ということ。**それは、非常に重要な示唆だった。

まるで「誤解した者勝ちじゃないか」とその場では承服しかねたが、今思えば「誤解した者勝ち」はコミュニケーションの重要な真理の一つだ。

（受け手がすべてを決めるのだ）

そしてそれは巡り巡って、本書の主要なテーマとなっている。

それにしても想像もできないような誤解も想定内に置いてコミュニケーションを考え進めなければならないとは、社会人生活は実にタフなものだなと驚いた。

（今もまだ上手くこなせないが）


もう一つは**「コミュニケーションは頼みもしないのに向こうからやって来る」という現実**。そして実際そうなれば逃げることもできなかった。

学生の頃ならば、コミュニケーションを避けられないのは担当教員くらいのものである（レポートや試験や出欠という「コミュニケーション」は避けられないから）。

しかしそれ以外の人付き合いは任意だ。あらかじめ関係が定められているわけではないし、親しくするもしないも自分で選ぶのだ。嫌ならそうと断ればいい。

ところが世の中には、頼みもしないのに関係性にはめられ、断れず、放っておいてもらえず、逃げられずというコミュニケーションがどうやらあるらしい、ということを知った。

（上司、クライアント、部下、仕事仲間、会議、組合、クレーマー、ママ友、政治、

行政、ＮＨＫの集金人……今考えたらあまりに多いが）

「オレ、数個の関係性だけで生きていけるからいいっすよ」などとうそぶいていた若者は、すでにコミュニケーションの網に絡めとられてしまっていたようだった。

**「自分から能動的に伝える」ということを心がけないと、またそれに必要な能力がないと、踏み込まれ巻き込まれ痛い目にあいかねないということだ。**

ほんとうの意味で、新しい場所に来たんだな、と思った。

## 言葉ありき

かくてぼくの苦難のコミュニケーション人生が始まったわけであるが、袋叩きにはあわないまでも、「誤解」「過言」「言い間違い」「言い争い」「通じない」「わかってもらえない」などの「うまく伝わらなかった」例には、その後も困らない。

その原因は、自分の言葉にある。言葉が思い通りに機能してくれないからだ。

伝える手段は、音楽、絵画、映像、肉体表現から、以心伝心、つないだ手の温もりまで数あれど、正確に具体的に伝えようとするならば、言葉一択である。

逆にうまく伝わらず、誤解させるのも炎上させるのも、やはり言葉だ。

**本書では「伝える」とは、「自分の思いを、言葉で効果的に人に伝えること」と考えたい。**

## 送り手と受け手

うまく伝わらない原因❶として、「**受け手という存在を認識・理解していない**」と書いた。それをまず具体的に明らかにしてみようと思う。

ぼくはその説明を「言葉のメカニズム」という理論を通して説明したい。言葉は情緒的なだけではなく、実に機械的ともいえる作用を持っている。

普段はなかなか意識しないことだが、独り言や寝言やノートの落書きでもない限り、言葉を発すれば必ず「受け手」をつくる。それと同時にそんなつもりはなくても言葉を受けられた以上、自分は「送り手」である。

この「受け手」と「送り手」という概念は、あらゆるコミュニケーションにおいてついてまわる。メールであろうが、プレゼンテーションであろうが、口説き文句であろうが、「受け手」と「送り手」はコミュニケーションの両端に必ず存在するのである。

しかしプレゼンテーションや講義・講演ならともかく、「送り手」には「受け手」が常に意識されているわけではなさそうだ。だから言葉はうまく伝わらず、さらには不用意な発言となり、謝罪が謝罪にならず、SNSは炎上する。

## 言葉は提案である

「話す」と「聞く」、「書く」と「読む」という関係をイメージすると「送り手→受け手」という構図が簡単に思い浮かぶと思う。

話している人がいて、その言葉を聞いている人がいる。書いた人がいて、その言葉を読む人がいる。送り手から発された言葉は、受け手に届いているということだ。

**「お腹が空いた」「明日は寒いって」「好きだ」「二度と来るな！」「今日は残業できません」「桜が咲いたね」「この件は進めるべきだと考えます」「今だけ半額！」「次の新**

**宿行きの各駅停車は5番線から発車いたします」「だいじょうぶ?」「ありがとう」「ごめんなさい」人はさまざまな言葉を受け手に送る。**

言葉は用途や種類、想定されるストーリーやシーンも数限りない。しかし限りあろうとなかろうと、言葉は一つの例外もなく「送り手↓受け手」というシンプルな構図を持っている。

**そして送り手は受け手に「提案」していると考えることができる。**

その構図がどういうものなのか、提案とは一体どういうことなのか、「腹へった」を分解してみる。

その「腹へった」という言葉が独り言じゃないとすると、ある受け手が存在している。つまり「送り手↓受け手」が形成されている。そしてその「腹へった」は、意味もなく発せられるものではないはずなので(もし食欲がなければ、その言葉は出てこない)、ある一定の状況におけるものであると考えるべきだ。具体的には昼メシ前のオフィスとか、夕方の家のリビングとかの状況があって、「腹へった」はある受け手に対して発せられたと考える。

ではその「腹へった」の意味を分解してみるとどうなるか。

送り手の言葉は、受け手に「提案」していると考える。

「腹へった」と言葉を送るのだから、彼（もしくは彼女）は何かを食べたいと思っている。そこが昼メシ前のオフィスだとすると、ある人が同僚に対して「腹へった」という言葉を送るということは、「腹へったんだけど、そろそろ昼メシ行かない？」を意味していると考えるのが自然だ。

どうやら「腹へった」の送り手は言葉を伝えることによって、受け手を自分の望む方向（一緒に昼メシに行く）へ動かそうとしている。

**つまり、送り手の言葉は受け手への「提案」に他ならない。**

「ぼくはお腹がすいたのでそろそろ昼メシに一緒に行かないかと提案するのであるが、あなたはそれに賛成してはどうか」と読むことができる。

そう考えると「二度と来るな！」は「私はあなたが二度とここに来て欲しくないと提案しているのであるが、あなたはそれに従ってはどうか」となり、「この件に関しては進めるべきだと考えます」は「この件は進めるべきだと提案するのであるが、あなたはその提案を受け入れてはどうか」ということになる。なんらかの仕事での発言ならば、「この件に関してはぜひ弊社に進めさせていただきたいのですが」という明らかな提案となる。

「明日は寒いって」が家族の会話の中でのものだとすると、例えば母親が娘に「明日の朝は寒いらしいから、それに対応した服装で出かけなさいね」と提案しているシーンも思い浮かべることができる。

店頭に「今だけ半額！」と掲示されていれば、「当店では今だけ半額にするのでぜひこの機会に買ってみてはどうでしょう」という提案である。

「ごめんなさい」ならばその言葉の理由の軽重はいろいろあろうが、「私はごめんなさいと謝るのだからこれで許してくれたらどうか」と提案しているのだ。

しつこいがもう少し。

「月曜日はどうかな？」ならば「会うのは月曜日がいいと提案しているのであるが賛成してはどうか」。

「月曜日は無理だ」ならば「月曜日は無理なので他の日にする（もしくはとりあえず今回の約束は流す）ことを提案しているのであるが賛成してはどうか」。

「今週は無理だ」ならば「来週以降にしてくださいと提案しているのであるが理解してはどうか」。

## 言葉は欲望を提案している

上記のように、送り手の伝えようとする言葉は、受け手への提案であると考える。そしてその中身は欲望であると考えることもできる。**受け手を自分の望む方向へ動かしたいという欲望である。**そもそも望まないこと、欲さないことを提案するわけがないのだ。

一人で食事をとろうという人が「お腹がすいたなあ」と言葉を発したところで独り言である。でもそれを食事時に誰かに向かって伝えたのだとすれば、「食事に一緒に行って欲しいのだが」という欲望を提案している。

**「このキャンペーンが最善と考えます（ので採用して欲しい）」**
**「そんな効率の悪いやり方には反対だよ（という意見に同意して欲しい）」**
**「今度の連休は海外に行こうよ（国内ではなく海外に行きたいんだ）」**
**「チャーシューメン麺固めで（そのように食べたいので、そのようにつくって欲しい）」**

**「私にはそれは絶対できません（ということをわかって欲しい）」**
**「運転手さん、次の角を右（に行って欲しい）」**
**「キミが好きだ（お願いだから付き合って欲しい）」**

すべては「～したい」と「～して欲しい」に尽きる。

企画書や論文を書いても「読んで評価して欲しい」。
お笑い芸人がネタを披露しても「笑って欲しい」。
愚痴をこぼしても「聞いて欲しい」。

言葉を欲望の発露であると理解すると、腑に落ちることがある。
欲望だからこそ、送り手の伝える言葉は受け手に受け入れられないこともあるのだ。
逆に、思い通りにいくものだと考えることこそ無理がある。

伝えることの困難さが徐々に見えてきた。

# 伝わらなくてあたりまえ

送り手に自分の言葉が欲望の発露だという認識がなければ、そりゃ「なんでうまく伝わらないんだろう?」と悩ましいはずだ。

送り手のことが好きで好きでたまらない受け手ならば欲望の一つや二つは受け入れて、その望む方向に動いてくれるかもしれないが、残りの全人類はその欲望を受け入れる合理的な理由もないし、そもそも人の欲望に向き合わせられるのはあまり気分のいいものではない。

だから送り手の言葉=提案=欲望はしばしば、あっけなくはね返される。そして時には無視される。

**送り手「このキャンペーンが最善と考えます(ので採用して欲しい)」↑受け手「最善とは言えないんじゃないかなあ?」**

送り手「そんな効率の悪いやり方には反対だよ（という意見に同意して欲しい）」
←受け手「あのね、今回のテーマは効率ではないのだよ」

送り手「今度の連休は海外に行こうよ（国内ではなく海外に行きたいんだ）」←受け手「絶対京都じゃなきゃイヤだ」

送り手「チャーシューメン麺固めで（そのように食べたいのでそのようにつくって欲しい）」←受け手「ウチそういうのやってないんで」

送り手「私にはそれは絶対できません（ということをわかって欲しい）」←受け手「もう決定事項だから」

送り手「運転手さん、次の角を右（に行って欲しい）」←受け手（無視）

送り手「キミが好きだ（お願いだから付き合って欲しい）」←受け手「ゴメン、そういう気ないし」

つまり、送り手の言葉を、拒絶しようが無視しようが受け入れようが、すべての判断をするのは受け手ということになる。その理由は合理的なものとは限らないし、単に受け手の気分によることも多い。

## 受け手がすべてを決める

ここまで書いてきた流れを順に並べてみる。

**言葉は発せられたとたん、送り手と受け手をつくる。**
**送り手の言葉は、まっすぐ受け手に伝わろうとする。**
**送り手は言葉を伝えることによって、受け手を自分の望む方向へ動かそうとする。**
**送り手の言葉は、受け手への提案だと考えることができる。**
**提案である以上、送り手は同意以外を求めてはいない。**
**しかしその提案に同意するかしないか、すべてを決めるのは受け手である。**

この「受け手がすべてを決める」というのが、うまく伝わらない原因❶「受け手という存在を認識・理解していない」の中身である。そしてそれは、コミュニケーションの最重要な原理原則だと、ぼくは考えている。

確かにそれは面倒くさそうだ。

自分のなにげなく発している言葉が、まさか提案？　ましてや欲望？　だなんて！

しかも、それを受け入れるも拒絶するも、自分が言葉を送っている相手が決めることだなんて！

しかし送り手の言葉という提案は、受け手に拒絶もしくは無視されればそこで潰《つい》える。受け手を望む方向に動かすという欲望は叶《かな》えられない。つまり、これぞ「伝わらない」ということ。

「言葉で自分の思いを、言葉で効果的に人に伝えること」は失敗だ。

「うまくいかない原因を明快にして↓それを解消する」の前半、うまく伝わらない原因の一つは「受け手がすべてを決めるから」であることがわかった。

まずそれを認めて、それに対応した解消の方法を求めればいい、ということになる。

先に結論めいたことになるが、ぼくはそれを次のような平易な言葉で理解している。

**「受け手がすべてを決める」のだから、「受け手の言って欲しいことを言ってあげる」とよい。**

受け手の言って欲しい言葉を送れば、受け手には基本的に拒絶する理由がないはず。

ぼくはそれを広告から痛いほど学んだ。

## 広告が教えてくれたこと

「受け手がすべてを決める」「受け手の言って欲しいことを言ってあげる」は、広告を題材とするのがわかりやすい。

よく言われる話だが、芸や技は「厳しいお客様」に育てられるものだ。

ぼくも生活者・消費者という厳しいお客様を相手にする広告という仕事を通して、

多くのことを学んだのだと思う。

広告においては大半の場合、受け手は積極的な興味など持ってくれないし、それゆえ積極的に見ても聴いても読んでもくれない。

受け手は広告が自分に送られて来るや否や瞬時に、無表情に、冷淡に、「自分に関係ある／ない」を判断している。仮に「自分に関係ある」として、続けて判断するものは「自分にトクがある／ない」である。その結果で、送られてきた広告の処理（受け入れるか／否か）を決めている。

その場合、広告がしばしば「関係ない」となるのはどうしようもない。その広告を見た人が、必ずしもターゲットとなるお客様ではないのだ。

（20歳の学生には、生命保険やコンドロイチンは「関係ない」）

つまり、買うかどうかの判断は「トクするかどうか」。

**「トク」とは広告で「ベネフィット」と呼ばれるものである。**

## ベネフィットとは何ものだ？

端的に言うと、広告とはターゲットという受け手に「ベネフィット」を伝えることである。

「このシャンプーを使えば、あなたの髪のダメージを修復するといういいことがある」
「このクレジットカードを持てば、あなたの人生を豊かにすることができるといういいことがある」
「このサプリを摂れば、あなたの辛い痛みが軽減されるといういいことがある」

どんな広告でもそんなふうに「ベネフィット」を伝えている。「この商品やサービスを手に入れるとこんないいことがある」ということだ。受け手にとっての「いいこと」が認識できなければ、その広告は秒殺されるだけだ。

それは広告だけの厳しいルールなのかというと、残念ながらそうではない。広告には、特殊な人が、特殊なミッションのために、特殊なメディアを用いて伝えようとする、特殊なコミュニケーションであるという認識があると思う。

確かに、メッセージを伝えるために何億何十億を費やそうとするコミュニケーションは、ぼくらの日常生活にはない。テレビや新聞を通して誰かに何かを伝えようとすることもない。

しかし、「次の連休は海外に行きたい（だから同意して欲しい）」や「キミが好きだ（だから付き合って欲しい）」と、「このシャンプーを買って欲しい」はお金のやり取りがあるかないかだけで、送り手が自分の望む方向へ受け手を動かそうとする様子はどう見ても同じだ。それを受諾するか、拒絶するか、無視するかのすべては受け手に委ねられているということも同じだ。

また受け手からしてみても、ある人が広告に関してのみ例外的に、強欲に「ベネフィット」を求めていると考えることには無理がある。「受け手がすべてを決める」のだ。**あらゆるコミュニケーションにおいて、受け手はなんらかの「ベネフィット」を要求していると考えるほうが自然だ。**

受け手は日常会話でも、ベネフィットを求めている。

## トクすることしか聞いてくれない

先に例としてあげたモチーフを「自分に関係ある／ない」「トクをする／そうでもない」から考えてみる。

送り手「このキャンペーンが最善と考えます（という主張に同意して欲しい）」←受け手「最善とは言えないんじゃないかな」

送り手の言葉は「自分に関係ある」が、内容に不満で「トクするとは思えない」ので受け入れない。

送り手「そんな効率の悪いやり方には反対だよ（という意見に同意して欲しい）」←受け手「あのね、今回のテーマは効率ではないのだよ」

送り手の言葉は「自分に関係ある」が、論点に齟齬があり「トクをするかといえばそうではない」ので受け入れない。

送り手「今度の連休は海外に行こうよ（国内ではなく海外に行きたいんだ）」↑受け手「絶対京都じゃなきゃイヤだ」

送り手の言葉は確かに「自分に関係ある」が、自分の考えとは大きな隔たりがあるので「到底トクするとは思えず」ゴネる。

送り手「チャーシューメン麺固めで（そのように食べたいのでそのようにつくって欲しい）」↑受け手「ウチそういうのやってないんで」

送り手の言葉は「自分に関係ある」が、手間もかかり「少なくともトクをするようなことではない」ので断る。

送り手「ぼくはキミが好きだ（お願いだから付き合って欲しい）」↑「ゴメン、そういう気ないし」

送り手の言葉はもちろん「自分に関係ある」が、その男と付き合っても「トクすることなどひとつもなく」門前払い。

広告と違って、日常生活では「関係ない」ということは少なそうだが、上記のどれもが「トクしない」と判断された。受け手にとってのベネフィットが認められなかった、ということだ。

広告じゃなくても、受け手に同意して欲しければ「受け手の言って欲しいことを言ってあげる」べきだということがわかる。

## 言葉のメカニズム

先にあげた流れに「ベネフィット」を接続してみる。

**言葉は発せられたとたん送り手と受け手をつくる。**

**言葉は一気に受け手に伝わろうとする。**

**言葉を伝えることのよって受け手を送り手の望む方向へ動かそうとする。**

**言葉は受け手へ提案していると考えることができる。**

**提案である以上、送り手は同意以外を求めてはいない。**

**しかしその提案に同意するかどうか、すべてを決めるのは受け手である。同意する／しないを決める判断の材料は、送り手の言葉に受け手の「ベネフィット」があるか／ないかである。**

ぼくは上記のような言葉の作用を「言葉のメカニズム」と呼んでいる。

「好きだ」「イヤだ」なんていう感情的なものですら、言葉は実に機械的に作用する。どんな言葉もそのメカニズムを避けて伝わることはできない。あらゆる言葉がうまく伝わるのも滞るのも、このメカニズムの、最後の「ベネフィット」が大きく関わってくる。

そしてコミュニケーションが言葉によってなされると考えるならば、「言葉のメカニズム」は「コミュニケーションのメカニズム」「伝えるためのメカニズム」に他ならないのである。

## 言葉はプレゼントに似ている

「伝える」ということを「プレゼント」に例えてみる。

ある女子が彼氏へのクリスマスプレゼントを考えた。付き合ってもう数年になる。キーホルダーだのネクタイだの、例年通りのありきたりのものではもう驚いてもらえないかもしれない。３日間考え抜いて「手編みのセーター」を贈ることにした。もちろん彼女のお手製である。

なにぶん初めての手編みである。マニュアル本を読み、練習し、わからないところは経験者に尋ね、仕事が終わって帰宅したあと夜眠いのも我慢し時間をかけて丁寧に編み上げた。すべては彼氏のためである。立派な箱を用意して包装しクリスマスイブを迎える。差し出すと、彼は例年とは違うパッケージに驚き期待したような顔で「開けていい？」と聞く。もちろん！

反応は、「何これ？」。「手編みのセーター」と彼女。「今時手編みのセーターなんか着る?」と彼（秒殺）。

その手編みのセーターには彼女の、時間も労力もお金も愛情も情熱も配慮も夢も汗も、もしかしたら涙も込められているが、「関係ある／ない」→「トクする／そうじゃない」でいうと「彼女からもらったわけだから関係はあるにはあるけど／着てみたところでオレはトクしないな」と、彼は判断したのだ。

（もうちょっと違う言い方はあるんじゃないのとは思うが）

この切ないクリスマスの物語は、「伝える」ことに似ている。それどころか、そのものにも思える。プレゼントが言葉にあたる。

「言葉のメカニズム」にあてはめてみる。

**プレゼントは贈る人ともらう人をつくる。**

**プレゼントはもらう人の手に渡る。**

**プレゼントを贈ることのよってもらう人を贈る人の望む方向（喜んでもらう）へ動かそうとする。**

**プレゼントはもらう人へ、こんなの欲しかったでしょ？　と提案していると考える**

**こともできる。**

**提案である以上、贈る人は喜ばれること以外を求めてはいない。**

**しかしその提案（こんなのどう？）に喜ぶかどうか、すべてを決めるのはもらう人である。**

**喜ぶかどうかを決める判断の基準は、もらう人がそのプレゼントにベネフィットを感じるかどうかである。**

## 送り手という弱者

「言葉を伝える」ことと「プレゼントを贈る」ことは、切ないくらい似ている。

送り手がそのプレゼントにどれだけの思いを込めようとも、あげた途端すでにそのプレゼントは受け手のものなのである。

「オレのあげたプレゼントだからオレのものだ」という理屈がないように、送り手の言葉は発した途端にもう受け手のものである。

そこから先は、「関係ある／トクをする」ものならば、受け手は小躍りの一つもするかもしれないし、そうじゃなければそんなことはしない。その結末は受け手に委ねられ、送り手はその決定に参加することはできないというところも、プレゼントと言葉は同じである。

送り手の言葉が「提案である以上、同意以外を求めてはいない」のは送り手の勝手な思惑だが、**その提案に頷くか頷かないか、それを受け入れるか受け入れないかのすべては受け手に委ねられている。**

その送り手の言葉がどれほどの正論であり真実であっても、そこにどれほどの真摯な姿勢や事情や思いが注ぎ込まれていても、である。

伝えていることは欲望なのだ。拒まれることも珍しくないし、文句を言う方が筋違いだとも言える。

しかも、そこには受け手の誤解もあるかもしれない。しかし、「誤解される方も悪い」のだ。

こう考える限り、送り手は意外なくらい弱者である。

送り手には「提案する（それによって受け手を送り手の望む方向へ動かす）」とい

う態度しかとりえない。しかしそれに対して受け手は「無視・拒絶・同意」という3つの態度を選択することができる。

送り手の状況は不利だ。しかしうまく伝わらない原因も、問題の論点も明らかになった。

**要は「ベネフィット」があればよい。**

## 候補者ヨシダさんのケース

送り手の側からベネフィットを考えてみたい。それのあり／なしで結末は異なる。選挙演説をモチーフに検証してみる。そこから「適切なベネフィットの設定」という解決策を導き出そうと思う。

### ●地の巻

ヨシダイチローさんという（架空の）候補者がいる。

A駅前で演説している。

「ヨシダです。ヨシダイチローです。ヨシダイチローに清き一票をお願いします」と声を枯らしながら連呼している。

しかし誰も見向きもせずに彼の前を通り過ぎ、その顔にはむしろ（うるせーな）と書いてある。その場を通りがかったPさんも同じ反応である。

ヨシダさんの言葉は音としてPさんの鼓膜までは届いたが（だからうるさいのだ）、脳に伝わることなく無視された。つまり、**彼の演説は言葉の内容を判断されることなくノイズ（騒音）として処理された。**

### ●人の巻

やはりヨシダイチローさんはA駅前で演説している。

「ヨシダです。ヨシダイチローです。ヨシダイチローに清き一票をお願いします。私は消費税を20％に改定します。ヨシダイチローをよろしくお願いいたします」と訴えている。

その言葉を受けた通りすがりのPさんは（消費税10％でも否定的な世の中なのに、あのヨシダとかいう候補者、20％なんてどうかしているんじゃないか？）と思った。

つまり、**ヨシダさんの言葉はPさんの鼓膜まで届き、さらに脳に伝わってその内容を判断されたが、その結果Pさんの脳はその提案に同意しないことを選択した。**

## ●天の巻

やはりヨシダイチローさんはA駅前で演説している。

「ヨシダです。ヨシダイチローです。ヨシダイチローに清き一票をお願いします。私は消費税を20％に改定します。ただ単に税率を上げるというのではなく、お預かりした消費税は使途を1円単位までガラス張りにいたします。ヨシダイチローをよろしくお願いいたします」と訴えている。

その言葉を受けた通りすがりのPさんは（最初消費税20％という言葉が耳に入った時にはどうかしているんじゃないかと思ったが、もしかすると今の政治や行政のあり方を変えるにはそのくらいドラスティックな策を講じなければならないのかもしれないな。あのヨシダという人の考えはある意味正論なのではないか）と思った。

つまり、**ヨシダさんの言葉はPさんの鼓膜まで届き、さらに脳に伝わってその内容を判断され、Pさんはその提案を受け入れることを選択した。**

ヨシダイチローさんが訴える政策は、もちろん架空のものだ（消費税20％！）。しかし架空の話だろうが20％であろうが、演説の受け手に評価されれば1票になるということだ。地の巻～天の巻は、先に書いた受け手の取りうる3つの態度「無視・拒絶・同意」である。そして「同意」はその3つのうちで、彼の望む唯一の結末である。同じ人物が同じ条件で言葉を発して結末に差があるということは、原因はその言葉にあると考えるべきだ。この3つの結末を隔てているものは「ベネフィット」に他ならない。

Pさんはヨシダさんの名前の連呼には、「ベネフィット」を感じなかった。知らない男の名前を大声で聞かされて誰もトクしたとは思わない。だからヨシダさんの言葉はPさんには無視されノイズとして処理された。

ところがPさんは彼の「消費税20％ガラス張り」には「ベネフィット」を認めた。だから「清き一票」を投じる気にもなった。

ヨシダさんは「消費税20％ガラス張り」という言葉により、受け手を自分の望む方向に動かすことに成功したのである。

「ヨシダさん」は（Pさんにとっての）適切な「ベネフィット」の設定で受け手を動かした。

そこに、うまく伝わらない原因❶「受け手という存在を認識・理解していない」の「原因→解消」があるのではないか。

受け手は動かせる。もう受け手を面倒くさがってばかりいる場合ではない。

## 「ベネフィット」を使いこなす

いくつかの例を用いて、「ベネフィット」の機能を見てみたい。

### 実例①

昼前に「そばがいいな」と同僚に提案したところ、「そばは昨日食ったばかりだから」と拒絶された。そのままでは自分の望む方向へ受け手を動かすことはできない。

そこで「あの店の隠れ名物は丼物。カツオの出汁が効いているらしいよ」と再提案すると、受け手は「そば屋ならではの、出汁のうまい丼」にベネフィットを認めて、送り手の望む方向へ動いた。

### 実例②

就活生Aがある企業の面接で、やる気を示すために「ぜひ厳しく鍛えていただきたい」と伝えたところ、面接担当者は（鍛えて欲しいのはそっちの都合で、こっちは手間もお金もかかるんだけどな）と採用の決め手にはならなかった。

つまり彼の言葉に担当者は「ベネフィット」を感じられなかった。

就活生Bが同じ企業の面接で、やる気を示すために「ぜひ厳しく鍛えていただきたい。そして早く一人前になり、仕事を通して育ててもらった恩返しをしたい」と伝えた。

担当者はその言葉に「ベネフィット」を感じ採用に傾いた。

### 実例③

恋する女子Aは彼氏に手編みのセーターをプレゼントしたが、彼はあまり気に入った様子ではない。彼はそれを着ることにベネフィットを感じてはいないようだ。

そこで彼女は「エルメスに納品しているものと同じ紡績メーカーの毛糸を使った」と伝えた。

それを聞いたブランド好きの彼氏は急に興味を持った。


恋する女子Bは彼氏に手編みのセーターをプレゼントしたが、彼はあまり気に入った様子ではない。彼はそれを着ることにベネフィットを感じてはいないようだ。

そこで彼女は「私の気持ちがたっぷりこめられているから、着なくていいからお守りがわりにそばに置いておいて」。

それを聞いた彼氏はそのセーターに「着るもの以上の」満足を感じている。

### 実例④

ぼくの大学の講義に、受講生が300人くらいのものがある。

ある日、そのうち2~3人の男子が帽子をかぶったまま授業を受けていた。ぼくが帽子を取るように呼びかけるとその場では従うものの、次の週にはまた何人かが帽子をかぶって受講している。

そこで「授業中に帽子をかぶっていてもぼくは構わない。別に人に迷惑はかからないし、その程度のことは自分で判断すればいい。ただ世の中にはこういう場で脱帽しないことはマナー違反だと考える人がいる。たかが帽子くらいのことで、その程度のマナーも知らないヤツだと評価されるのは、とても損なことだと思う」と言ったら、その週以降、帽子をかぶっている学生はいなくなった。

ぼくの提案に「マナーも知らないヤツだという低評価を避けられる」というベネフィットを感じたのだと思う。

## 食い違うベネフィット

受け手に思いを伝えるためには、受け手の言って欲しいことを言ってあげればよい。

つまり、**送り手の言葉に、受け手がベネフィットを感じればいいのだ。**

ところが、これですべてうまくいく、バンザーイ！　というわけにはいかない。

このベネフィットってヤツは、実に一筋縄にはいかない。

「受け手がすべてを決める」以上、ベネフィットは「受け手の尺度で測った」ものでなければならないということになる。その精度高い推定が伴って、初めてベネフィットとして機能するのだ。


**少食の女性にとって「替え玉無料」はベネフィットにはならない。**

**ワークライフバランスを重んじる人にとって、「高収入」は必ずしもベネフィットにはならない。**

**体調の思わしくない時の「フルコースのディナー」は苦行でしかない。**

**ある人にとって「親切に世話を焼かれる」ことは、余計なおせっかいに過ぎないのかもしれない。**

**手編みの彼女にしても、そこにはベネフィットという概念はなかったとしても、自分のプレゼントは「彼にとっていいもの」と信じていたはずである。**


このようなベネフィットをめぐる齟齬は、「送り手の推定するベネフィットと、受け手が認めるベネフィットが違う」ということで生じる。

あえて分類してみると、次の2つのケースである。

**①「受け手によってベネフィットと感じることが違う」ケース。**

**②「同じ受け手でも時と場でベネフィットと感じることが違う」ケース。**

**まず①。**

例えば、ある食品メーカーが長年研究を続け、ついに「従来10分かかった茹《ゆ》で時間を、なんと半分の5分に短縮」という乾麺のパスタを新発売したとする。最新テクノロジーを駆使した世界にも類を見ない成果、だそうである。ただし既存品より1包装あたり50円高い。

ところが、そのメインターゲットである専業主婦には新製品の評判は芳しくない。受け手である専業主婦にとって「茹で時間半分、5分の短縮」は、ベネフィットとしては有効ではなかったのだ。比較的時間に余裕のある彼女たちには、世界に類を見ないスペックも、50円多めに出すほど魅力的ではなかった。

しかしその「茹で時間半分、5分の短縮」は、街のパスタ屋には大きな魅力に映る。茹で時間の短縮には、ランチタイムに客の待ち時間を短くし客の回転を上げることが期待される。

つまり、同じスペックも受け手が違えばベネフィットと認知される。パスタ屋には50円は回収できて余りある。

もしそのパスタにもうひとつ用意された特徴が「カロリー20%オフ（当社比）」ならば、専業主婦が動く可能性も期待できたと思う。街のパスタ屋にとっては50円上乗せしてまで手に入れたいスペックでもないだろう。

**「半額ではなく定価で買うことでプライドを満たされる喜びを感じる」という人がいる。**

**「できるだけ不便なところに住みたい。知っている人が来ないから」という人がいる。**

**「彼女に無理難題を言われるのが好きでたまらない」という人もいる。**

「定価（安くない）」や「不便」や「無理難題」といった普通に考えるとベネフィットからほど遠い事実も、やはり受け手がそれをベネフィットだと認めればベネフィットなのである。

どうやら、受け手とベネフィットはセットで考えなければならないようだ。受け手をより正確に認識・理解することで、**「その人の尺度における」ベネフィットはより精度高く推定されることとなる。**

**そして②。**

受け手によって認めるベネフィットが異なるだけでなく、まったく同じ受け手でもベネフィットと感じることはいつも同じとは限らない。

例えば、オフィスで昼食をとり損ねている同僚は「柿の種」の小袋一つでも喜んでくれそうだが、昼食後の同一人物に同じものをあげても「腹一杯なんだよ」という顔をされる。

普段は強気で人を寄せ付けないような人も、何らかの事情で弱っている時に親身に話を聞いてあげるとやたらと感謝され、その後の付き合い方が変わるということもある。

同じことを伝えても、同じはずの受け手がベネフィットと感じたりそうじゃなかったりする。**受け手の、その場その時の状況によると考えるべきなのだ。**

（ああ、また難しくなった）

## 受け手とは、その人／その場／その時

東日本大震災はあまりに多くのダメージを被災地だけじゃなく日本社会に残した大きな災害だが、そのとばっちりを受けた一つが、TSUNAMIである。東日本大震災以来、少なくとも放送から聴くことは稀になった。

そういう時期にありがちな自粛というよりも、世の中の総意として「津波」という言葉を見聞きしたくなかったのだと思う。受け手の、その場その時の状況がそうなったのだ。累計で300万枚以上を売り上げたほどのサザンオールスターズのこの名曲は、2011・3・11の夕方までは、聴くこと、歌うことのベネフィットを約束してくれる曲であった。

2011・3・11の夕方に、そうじゃなくなった。

伝えるという観点からは、受け手が異なれば当然ベネフィットも違うし、同一人物であることにもあまり意味はない。それどころか同一人物であるからという認識は、

しばしば混乱や誤解を招く。

人には機嫌のいい時も悪い時も、空腹の時も満たされた時も悩める時もある。前夜カラオケでTSUNAMIを熱唱していた男は、次の日にはそのタイトルと同じ言葉に耳をふさいでいる。

そう考えると「受け手」とは正確には、「受け手の、その人／その場／その時の状況」と認識するべきである。「その人」が違えばもちろん違うし、「同じ人」でも、昨日と今日では違うし、会議室と居酒屋でも違うのである。

それだけの振れ幅がありながら、いつもコミュニケーションが同じように成り立つ、送り手の言葉が同じように伝わると考えるわけにはいくまい。


「送り手の推定するベネフィットと受け手が認めるベネフィットが違う」ことにつながる2つのケースを見てみた。

両者に共通する原因は、やはり「受け手がすべてを決める」ということにある。

受け手は「その人／その場／その時」の自分自身の尺度をもって、ベネフィットと感じたり感じなかったり、認めたり認めなかったりするのである。それを送り手が自分自身の尺度だけで推定するのは、どう考えても相当な無理がある。しょせん他人の頭の中、胸の内のことだ。

**ベネフィットの判断は受け手の尺度によるものなので、送り手が受け手の尺度を持つしかない。**

うまく伝わらないことの深層が、少しずつあらわになってきた。

# 第1章　まとめと課題

この章では、冒頭にあげたうまく伝わらない理由❶「受け手という存在を認識・理解していない」の解消について展開してきた。

それに沿って、さまざまな例を用いて「受け手」という存在を考え、その難解さ、面倒くささについて書いてきた。

時系列にまとめると以下のようになる。

◉言葉の伝わり方には「言葉のメカニズム」という原理原則がある。
◉その中で中心となる考え方が「受け手がすべてを決める」ということである。
◉うまく伝わらないのは、その「受け手がすべてを決める」を認識・理解していないということに原因がある。
◉「受け手がすべてを決める」ので、受け手は送り手からの言葉（提案）に対して、無視・拒絶・同意という3通りの態度をとることができる。

◉送り手にとって「うまく伝える」とは、受け手に同意させて自分の望む方向へ動かすことだ。

◉そのためには、送り手の言葉（提案）には受け手にとってのベネフィットがなければならない。

◉送り手の言葉（提案）にベネフィットが感じられれば、受け手は送り手の望む方向に動く。感じられなければ、動かない。

◉ベネフィットに関しても、受け手は自分の尺度で決めている。

◉それゆえ「送り手の想定する受け手のベネフィットと、受け手が認めるベネフィットが違う」ということが頻発する。

◉受け手の尺度によるベネフィットを、送り手の尺度で推定することには無理がある。

◉そのためには、送り手が受け手の尺度を持つ、つまり共有する必要がある。その共有によって、伝えることに関する実に多くの問題が解決する。

「受け手がすべてを決める」「受け手の言って欲しいことを言ってあげる」は、先にも書いたが、コミュニケーションの最重要な原理原則だとぼくは考えている。

しかしその「言って欲しいこと」を見極めることが大仕事として残っている以上、「伝える」上での問題は片付いていない。

ここからフローチャートを遡るように、その方法を考えていきたい。

**送り手が受け手の尺度を共有することを、ぼくは「共有エリアに立つ」と呼んでいる。**しかしその前にやっておくことが、いろいろある。第2章で、まずはそこから。

第2章

# 「脳内経験」と「脳内データベース」

この章では前章を受けて、
うまく伝わらない原因②
「想像や発想のための
『脳内データベース』が乏しい」の
解消について考えてみたい。
「伝える」ための
基礎体力づくりである。

今回もまた、ぼく自身の「できなかった頃」の話から始めさせてください。

## コミュニケーション疾風怒濤《どとう》時代～挫折篇

入社して最初の（というか退職までの）配属先はクリエーティブ局だった。広告を制作する部署である。ここでぼくの人生の大筋は、本格的に決定されてしまったようだ。

初めての職場というものは、当時大部屋と呼ばれていたコピーライターばかり30人くらいいる部で、あとはいろいろ事務雑務をお願いする派遣の女性（実際に当時のぼくよりかなり年上、美人）2人。それほどの多くの年長者たちと時間と場所を共有するのは初めてのことで、どう振る舞っていいのかわからないような日々だった。

上司や先輩からは「コピーライターが無理だと思ったら言えよ。この会社には他の部署もあるからな」とか「オレらは下を育てようって気はないから」などと、2018年なら明らかにパワハラの扱われ方で、それでもあまり苦にならなかったのは体育会出身だからという理由ではなく、この働き方改革の時代では言葉を選ばなければならないが、それでも吐露すると、その職場には「愛」があった。

事実誰かが異動して部を出て行く時には泣きながら送り出したし、誰かが病気になれば全員が気に病んだ。ぼくはそのような環境で寄ってたかって育てられた。

今思えば面白いくらい怒られたし叱られた。部長には「デスクでイジイジしてないで外に出ろ。映画でも見てこい」と怖い顔で言われ、会社ってそういうもの（就業時間中に映画に行けと怒られる）なのかと混乱した。

今でいうメンターの先輩からのアドバイスシートには、「淡々と仕事をしている姿には共感もするが、物足りない。けっ、つまんねー仕事、とか顔に出そうよ」と書かれていた。そんなもの顔に出せるわけがない。

大人たちとは話題も尺度も価値観もかみ合わなかった。ようやく気づいたコミュニケーションの困難さ、面倒くささに、悩まされ始めていた。

当時は会社も、おそらく広告業界も今とは比べようもないくらい呑気で上機嫌な時代だったが、バブルだろうがなんだろうが、新人には浮かれているヒマはない。もともと広告に興味も知識も持ち合わせていない「コピー機ライター」である。覚えなければならないことが多過ぎた。

メインの仕事は上司について回り現場を覚える、というか関係する人たちに顔と名前を覚えてもらうことだった。コピーのようなものを書かせてもらったことはあったが、キャッチフレーズとかそういう晴れがましいものではなく、上司の担当する新聞原稿のボディコピーを練習としてあてがわれるくらいのもの。

（もちろん採用されない）

モーターショーの展示ブースのエンジンの説明ボードのようなものを任されたが、クライアントの技術資料をまとめるだけなので誰が書いても同じような文章となるような作業。

物足りなくはなかったが、飽き始めていた。


そんな時期、ある日部長に呼ばれて、「オマエ一人で書いてみろ」と言われた。ある食品会社の仕事だった。同じ部にいた同期よりも先に「一人でコピーを」と声をかけられた。認められたい盛りだった。大きなチャンスだと思った。

（実際には独り立ちには程遠く、先輩コピーライターがお目付役でいて、ぼくが結果的にダメでも仕事に穴があかないようになっていた）

「なかなかやるな！　タカシ」の評価をイメージして、緊張しながらもやる気満々で臨んだ。

しかしタカシはやれなかった。

それは調理用のソースで、「お肉を炒めて絡めると、まるでレストランの味」というコンセプトの新商品だった。ターゲットは専業主婦。媒体は新聞夕刊ラテ下10段（テレビラジオ番組欄の下のスペース）。今となればそれほど難度の高い作業ではない。しかしぼくはその仕事に向き合いながら、呆然とするだけだった。

コピーを書くというのが仕事なのに、とにかくコピーが書けない。何も出てこない。それどころか考えることすらおぼつかない。ここまでできないか！　と驚いた。コピーライターとしては素人にうぶ毛の状態である。だから技術的にできないのはしようがないと、逆に開き直るだけの厚顔さはぼくにもあった。イチローだって初めてバット持った時にボールを打ち返せたわけがない。

（当時イチローはいなかったけど）

しかしぼくが直面したのは技術不足という問題ではなく、自分の中身が空っぽだという事実だった。

当時生まれて初めての一人暮らしをしていたが、料理などしない。ヒマと空腹からつくることがあったとしても、粉末ソースの焼きそばとか味も形もどうでもいい卵焼きくらいである。もちろん人につくってあげたことなどない。調理の喜びも悩みも知らない。

23歳の男が知っていた専業主婦は母親と叔母だけだった。主婦と呼ばれる人たちが何を幸せに感じ、何を苦痛だと思うのかも知らない。どのようにお肉を買っているのかも知らない。その新商品をどんな気持ちで手にするのかも知らない。

商品のことを考えてもターゲットを想っても、表現するべきもの、伝えるべきもののかけらも頭の中には浮かんでこなかった。

なぜか、頭の中に「(考えるための)水がめ」があって、それが涸《か》れ果てているようなイメージを持った。もっとも涸れるもなにも、もとから空っぽのスッカラカンだったのだが。

打ち合わせのたびにぼくのコピーは諸先輩にため息をつかせ、ぼくはそれの何十倍もため息をついた。

そして何度目かの打ち合わせの次の日の朝、トイレで用便を済まして見下ろせば緑色のウンチがあった（失礼）。驚いて病院に行くと神経性胃炎ということだった。身体の正直なことに、妙に納得した。

新聞夕刊ラテ下10段原稿を送稿し、ため息と胃炎の日々はとりあえず終息した。結局決まったコピーは「いつもと同じお肉なのに、いつもと違うおいしさ。」というものだった。今見てもそんなに悪くないコピーだと思うが、それは先輩がぼくの腕を持ちペンを握らせ書かせてくれたようなものだった。

とりあえず仕事は目の前からはなくなったが、問題はまったく片付いたわけではない。むしろ絶望的に顕在化しただけだった。

ぼくは頭の中の「水がめ」のイメージは長い間消えなかった。

そこに「何ものか」が潤沢に蓄えられていれば、それを活用して十分に考えることができ、それが

豊かな表現をもたらせてくれるはず。しかしぼくの「水がめ」は見事に空っぽだ。「水がめ」は知らないことだらけの23歳の新人の、ただただ困り果てた末のなんの根拠もない想像だったが、今思っても大枠間違えてはいない。

23歳の頃を30歳になって振り返って書いたコラムに以下の記述がある。

「学校を出て、たまたまコピーライターという職種に就き、原稿用紙とペンを与えられた人間には、他人に語るべき傷の由来ひとつなく、何を書いても口先だけの根のない言葉が連なるだけで、嘘も上手につけない自分の無能を思い知る。経験のなさが恨めしかった。自分の表現には深みも迫力もなく、一片の真実もなかった。」と書いている（『コピーライター入門』電通刊、1993）。

本に載ることを意識して表現は多少盛ったみたいではあるが、正直な告白だったと思う。

「恨めしかった」のは紛れもなく本心だったし、「一片の真実もなかった」ことに自ら失望していた。それでも、自分に考えさせくれる、書かせてくれる「何ものか」を手探りしていた。

## 経験資本主義

多くの文字数を費やして情けない告白をしたのには、もちろん理由がある。

自分が人や社会を何もわかっていないという事実に生まれて初めて直面し、挫折と失望の果てに緑色のウンチである。コミュニケーションの会社に入っておきながら、コミュニケーションとは何かも方法も知らず、それを考えるもととなるはずの頭の中の「何ものか」も、スッカラカンのままだった。

苦労やしんどいことは大嫌いだが、「若い頃の苦労は買ってでもしろ」という先人の教えは、あながち意地悪なアフォリズムではなさそうだ。もちろんぼくはあまりにいろいろなものが足りなかったので、わざわざ買わなくても苦労はもれなくついてきた。その苦労のおかげで、自分が何も知らないということを知り、知らなきゃ人生お話にならないことを知った。

今だからこそ思えるのだが、人生の駆け出しの頃にいろいろな欠落や不足に気づかせてもらえたのはありがたかった。そしてその欠落と不足は、「経験」のことだった。

ぼくの焦燥はいわゆる「経験不足」に他ならなかったし、事実「経験のなさが恨めしかった」のだ。とにかく大急ぎで「水がめ」に「経験」を貯め込まなければならないと考えた。スッカラカンの辛さが骨身に沁《し》みていた。

**「(何事も)経験(という)資本(あってのものだよ)主義」はこうして生まれた。**

## 脳内データベース

「経験」を「水がめ」に貯め込むと書いてきたが、もちろん頭の中にそんなものがあるわけがない。

脳(「海馬」や「大脳皮質」と呼ばれるところらしい)に「経験」の記憶を蓄積するのである。

(脳の海馬や大脳皮質と呼ばれるところらしいが、門外漢ゆえあくまでもイメージということでご勘弁)

それを収納して蓄積する倉庫のようなものを、ぼくは「脳内データベース」と名付けた。それはかつて枯渇に悶え苦しんだ「水がめ」なのだと思う。

ぼくらはオギャアと生まれてからずっと、「経験」を積み重ね蓄えてきた。泣くことを「経験」し、笑うことを「経験」し、ハイハイを「経験」し、立って歩くことを「経験」し、言葉を「経験」し、さまざまな人との出会いを「経験」し、喜びを「経験」し、痛みを「経験」し、そうして生きてきた。もしそれらが記憶され蓄積されていなければ、成長というものはなかったはずである。

その後数えきれないほどの「経験」を蓄積して現在値がある。後天的に獲得したものは、すべて「経験」のおかげと言ってもいい。「経験」がぼくらの成長分であるとも言える。

つまり「脳内データベース」の量とは、現在の「自分の量」なのだ。

フローチャートを見てもらえばわかると思うが、**「脳内データベース」が貧弱だと、どう考えても発想も貧弱なものにしかなりえない。脳内データベースの拡充には「経験」を蓄え続けるしかないのである。**

（「脳内データベース」の重要性は、具体的には読み進めれば理解してもらえると思

う。ここでは用語としての説明だけさせてください）

## 経験はまるでハプニングだ

いわゆる「経験」とは言うまでもなく、日常生活、長い目で見ると人生において、能動的にも受動的にも、わが身に起こること。

「人を好きになる」「銀座の有名店で寿司を食べる」「転んで骨を折る」「同窓会で昔の彼女に会う」「病気になる」「イタリア旅行をする」「信じていた友人に裏切られる」「小説を読む」「映画を観る」「バンジージャンプ」「受験」「結婚」「離婚」のようなこと。

それらは（楽しかろうが辛かろうが）どれも「経験」してみるに値することだとは思うが、「経験を記憶し、蓄積する」という観点においては2つの問題がある。

**まずそれらはしばしば「ダメージを伴うもの」であること。**

「人を好きになる」「銀座の有名店で寿司を食べる」などは自分から進んで「経験」することであるが、その結果に関しては何ら予告も保証もされない。

もはやハプニングにも似ている。ゆえにそれ相応の「ダメージ」の可能性もある。告白したら、実は自分の親友とすでに付き合っていた。楽しみにしていた寿司屋のオヤジが偏屈だ。旅先で置き引きにあう。軽い気持ちで選んだ本がトラウマになるくらい重い。電車が遅延したのでタクシーに乗ったらそのタクシーが事故だ。ましてや「転んで骨を折る」「信じていた友人に裏切られる」なんて痛み以外の何物でもない。

成り行きによっては、折れない精神力やへこたれない体力も求められる。そんなことを記憶して蓄積するのはまるで修行である。

**もう一つ、「時間がかかる」ということ。**

さらに蓄積を前提とすると、多かれ少なかれ、生きた時間に従うところがある。「経験」を蓄積しようと焦っても、それが時間に従うだけなら、なんとももどかしいではないか。そのルールの下では20代は30代に及ばず、30代は40代に及ばず、40代は50代に及ばないということになる。

「経験が足りない」「場数を踏んでいない」とは、そのことを踏まえての上からのセリフである。ずいぶん悔しい思いをしたこともあるし、させたこともあると思う。困った現実である。

**「水がめ」を満たすには、いわゆるありきたりの「経験」だけではどうにもおぼつかない。**

そこでそれにプラスして「もう一つの経験」について提案したい。

## 脳内経験のススメ

というわけで「脳内経験」である。

**「脳内経験」は、「あらかじめ蓄積を目的とした経験」である。**

「告白したら、実は自分の親友とすでに付き合っていた」「旅先で置き引きにあう」「転んで骨を折る」なんて痛い思いはできれば避けたいものだが、それでも人生において有用な「経験」になっている。いつか役に立つことを信じて「脳内データベース」に収納しておけばよい。

(嫌でも記憶に残るものだ)

考えれば考えるほど、脳内データベースは拡充される。

ところがぼくらの日常的な「経験」の大半は、そんなにドラマチックなものではない。取るに足らないことからできている。

例えば、授業で学生に「今日ウチ出てから学校に着くまで何を見た？」という質問をしてみる。「電車を見ました」「コンビニでおにぎりを見ました」などと、しどろもどろに答える。それは見たんじゃない。目に入っただけだ。つまり何も見ていない。**見ること、聞くこと、感じることすべては「経験」である。しかしとるに足らないことは記憶されることもなく、意識すらされない。**（彼らに限ったことではないのです。ちなみに2日前のお昼ご飯、何食べました？）

先に書いたように、「経験」は記憶されなければ蓄積されない。つまり「脳内データベース」の拡充にはつながらない。その意味では、とるに足らないことをあっさりスルーさせてしまうのは、はなはだもったいない。

逆に「脳内データベース」の拡充のために「経験」の蓄積を望めば、どんなことでもすすんで記憶すればいい、ということになる。

## 別人格ごっこ

またしても昔話ですみません。しかも高校生の頃のことである。

ぼくは中高6年間同じ男子校に通っていたのだが、1限目の開始時刻（確か8時30分）に変更がなければ乗る電車（確か6時45分の急行）も乗る市バスも、風景も、人の様子も毎日同じようなもの。それが数年にも及ぶとさすがに飽きてしまっている。

ある朝、何をどう思ったかその男子高校生は、「ぼくは昨日、日本にやって来たばかりのアメリカ人観光客だ」と思い込んでみた。その別の目を通して見ると、退屈な日常の風景も違って見えるかも、と思ったらしい。

たまたまの思いつきは、想像以上に新鮮な体験になったことを覚えている。

電車の窓から見えるありふれた畑も、何の作物のものなんだろうと興味がわく。（日本ではこの季節どんなものが採れるのだろう？）

線路沿いに軒を連ねる小さな家々も、パズルがはまるように器用にデザインされているように見えて面白い。日本人の体格と日本の家屋のサイズって、どこかでリンクしているのかもしれない、なんてこともアメリカ人らしく考える。

車内を見渡せば、日本のサラリーマンたち。

「ドブネズミルック（当時彼らのスーツやいでたちをマスコミ等はそう揶揄《やゆ》していた）」には、企業や社会から没個性を暗に求められる大人の事情も感じられた。（ニホンノオトナッテ、タイヘンデスネ）

シートに座って眠っている者たち以外は、一様に能面のような無表情。当時は暇つぶしのスマホなどない。へー、みんなあんな顔してるんだ、と思えば、ぼくもあんな顔してるんだ、と気づく。

そんな「他人ごっこ」はやがて、当時流行りかけていたパンクロックを小さなラジカセ（！）からイヤホン（！）でモノラル（！）で聴きながら、という通学に取って代わられたが、その密かな楽しみの時間は40年後の今も（ここに書けるくらい）記憶されている。

## そこからさらに考える

車窓の風景もサラリーマンの服装も、取るに足らないことである。ぼくの学生たちじゃなくても無意識にスルーするようなことだ。しかしそこを起点に何かを考えれば、少なくとも記憶には残る（可能性が高い）。

**「そこからさらに考える」、それが「脳内経験」である。**

（初めては高1の夏でした）

忘れられない「経験」は記憶に残る（あたりまえだ）。しかし忘れられないことは、なぜか痛いことの方が多い（ぼくだけでしょうか？）。それだけを「脳内データベース」に蓄積することの非効率性は先に書いた通り。

一方無意識にスルーされる「経験」がある。いちいち気に留めることも面倒臭いくらいの、取るに足らないこと。それが日常の大半だ。

ところが**その廃棄される「経験資源」が実に重要だとぼくは考えている。その有効活用の方法が「脳内経験」である。**これからその有効性と楽しさを書いていきます。きっと納得してもらえると思う。

## ローマで何を考えた？

例えばある人が、ローマへ（ミラノでもいいが）旅行に行ったとする。それを題材にして、「そこからさらに考える」を考えてみる。

他人のローマの休日に口をはさむ野暮を承知で、「ローマのリストランテでパスタを食べたけど、それほどでもなかった」という「経験」は「旅の思い出」として残るかもしれないが、それだけでは「脳内データベース」に蓄積されて、のちのち役に立つかどうかは怪しい。

ならば、「そこからさらに考える」をやってみればどうなるか？

**「ローマのリストランテでパスタを食べた→それほどでもないな、と思った」をきっかけに、「→地元じゃ有名なリストランテなのになぜだろう？→地元の人の舌に合わせてあるのかも→日本でも北と東と西と南じゃ味の好みが違う→そういう意味ではま**

**さしく地元の店だ→『本場』にはうまい／まずいの評価は相応しくないのかもしれない」というところにまで考えを及ばせる。**

「実際の経験をきっかけとしてさらに考える」ということ、これが「脳内経験」である。いわゆる「経験」はその現場のことだが、これは「脳が考えた」という「経験」である。

その「ローマのリストランテ」を誰かに話すという場面を「脳内経験のアリ／ナシ」で想像してみると、この「そこからさらに考える」の意義をわかってもらえると思う。

## ✅ 実例 Aパターン「脳内経験」ナシ

「ローマの有名なリストランテで食事したんだけど、なんかピンとこなかったんだよね。評判ってそういうものかもね」

## ✔ 実例 Bパターン 「脳内経験」アリ

「ローマの有名なリストランテで食事したんだけど、なんかピンとこなかったんだよね。これは想像なんだけど、日本人の舌に合わせていないからじゃないかな。そういえば外国人観光客もほとんどいなかったようだな。日本でも地域が違えば味の好みも違う。『本場の味』や『地元の名物』って、よそ者がうまいまずいをとやかくいうものではなくって、食文化を楽しむものなんじゃないかと思ったんだ」

まったく同じイタリア旅行をしてきたとしても、「脳内データベース」に蓄えられた「経験」の量が違うのである。①のケースは蓄えられているものが貧弱だから、会話の中でアウトプットできることもそれなりのものにしかならない。

得られた経験量の差は、情報の質や量と掘り下げ方や広がりの差となって表れ、その結果説得や興味喚起の力が違ってくるのがわかる。

(「気の利いたことが言えるようになる」って約束しましたよね)

もし仮に、そのリストランテの料理が感動的なくらいうまかったとしても、上記の構図は同じだ。「そこからさらに考える」ことをやめてしまえば、サルティンボッカがうまかろうがまずかろうが、人にできる話もその地点で終わる。

「ローマのリストランテ」ならまだしも、ぼくらの日常のほぼすべては、「見ず知らずのサラリーマンのスーツ」のような、無意識のうちにやり過ごしてしまう「とるに足らないこと」だ。つまり、ぼくらは日常のせっかくの「経験」を、記憶にとどめようとすることなくうっちゃってしまっていることになる。

「取るに足らないこと」を、いちいちくどくど考えるのは、時間の無駄に思えるかもしれない。でも「脳内データベース」に「経験」を蓄積するという観点からは、そこで脳を働かせないのは実にもったいない。「取るに足らないこと」をくどくど考えることこそクリエーティブで、それを怠る方がむしろ時間の無駄だと思う。

## 日常脳内経験

もしその考えに賛同してもらえるならば、ぼくはここから「そこからさらに考える」という日常を提案したい。

「脳内経験」にはいくつもの「いいこと」がある。

**「脳内データベース」を豊かに拡充する。しかも効率よく。脳を動かすトレーニングになる。考えるクセがつく。考えることは意外と楽しい。ローマなんか行かなくても、いつでもどこでも誰にでもできる。**


具体例を示してみる。しつこいようだが、また食べ物のこと。

(その方が楽しいかなと思って)


ある店でラーメンを食べた。→「まあまあおいしいな」と思った。

という「経験」をした。

そこで考えるのをやめてしまえば、「まあまあおいしい」程度なので記憶にとどめられ「脳内データベース」に蓄積される可能性は低いかもしれない。

ではその「経験」をきっかけに「そこからさらに考える」という「脳内経験」を実践してみたらどうなるだろう?

ある店でラーメンを食べた。↓「まあまあおいしいな」と思った。

↓「まあまあ」の割に客は入っているな。

↓きっと場所がいいからだ。駅前の一等地。

↓家賃が高そうだ。

↓その分価格にはね返っているのかもしれない。

↓確かにこの店の味玉は高い。１５０円。相場は１００円。

↓家賃と味玉の＋50円は関連している？

↓味玉が１日に30個出るとして、月に４５０００円上乗せ……ありうる！

↓もし家賃を価格に反映させないとすると、その店は原価を下げているのか？

↓いいものを使って高く売るのがまっとうなのか、原価を抑えて安く売るのが良心的なのか。

↓「高くつくって、高く売る」ってスローガン、どこかの高級店が買ってくれないかな？

↓さてどうだかね。

↓いずれにしても開店１年で４割が閉店するラーメン業界とは厳しいものだ。

↓味玉１５０円に競争力はあるのか？

このように「経験」をきっかけに、あれこれあちこちに考えを巡らせる。（まああおいしいな）でやめていれば、「いいものを使って高く売るのがまっとうなのか、原価を抑えて安く売るのが良心的なのかわからん」という認識まで行き着くことはなかった。

**考えることで「経験」は強くなる。**

さらにそこに何らかの発見（いいものを使って高く売るのがまっとうなのか、原価を抑えて安く売るのが良心的なのかわからん、とか）があれば、驚きや喜びとともにさらに記憶され、「脳内データベース」に蓄積されることとなる。

## 脳内経験は年齢不問

先に、「経験」の量が生きた時間に従うだけのものだとすれば実にもどかしい、というようなことを書いた。「脳内データベース」の拡充のルートを、いわゆる「経験」しか持たなければ、地道に経験を積む努力をしながら未熟な青が赤く熟すのを待

郵便はがき

料金受取人払郵便

銀座局
承認

5127

差出有効期間
平成31年11月
11日まで
※切手を貼らずに
お出しください

1 0 4-8 7 9 0

6 2 7

東京都中央区銀座3-13-10
マガジンハウス
書籍編集部
愛読者係 行

| | | | |
|---|---|---|---|
| ご住所 | 〒 | | |
| フリガナ | | 性別 | 男 ・ 女 |
| お名前 | | 年齢 | 歳 |
| ご職業 | 1. 会社員(職種 ) 2. 自営業(職種 )<br>3. 公務員(職種 ) 4. 学生(中 高 高専 大学 専門)<br>5. 主婦 6. その他( ) | | |
| 電話 | | Eメール アドレス | |

この度はご購読ありがとうございます。今後の出版物の参考とさせていただきますので、裏面のアンケートにお答えください。**抽選で毎月10名様に図書カード(1000円分)をお送りします。**当選の発表は発送をもって代えさせていただきます。

ご記入いただいたご住所、お名前、Eメールアドレスなどは書籍企画の参考、企画用アンケートの依頼、および商品情報の案内の目的にのみ使用するものとします。また、本書へのご感想に関しては、広告などに文面を掲載させていただく場合がございます。

❶お買い求めいただいた本のタイトル。

❷本書をお読みになった感想、よかったところを教えてください。

❸本書をお買い求めいただいた理由は何ですか？

●書店で見つけて　●知り合いから聞いて　●インターネットで見て
●新聞、雑誌広告を見て（新聞、雑誌名＝　　　　　）
●その他（　　　　　）

❹こんな本があったら絶対買うという本はどんなものでしょう？

❺最近読んでよかった本のタイトルを教えてください。

ご協力ありがとうございました。

つしかない。

**「脳内経験」ならば待つ必要はない。いつでも、どこでも、誰でも、何度でも、年齢がいくつでも実践できる。その「経験」は記憶・蓄積され、「脳内データベース」はそのたびに拡充される。**

そう考えると、年少者は必ず「経験」不足であるという説は当たらない。ましてや日常の大半を「取るに足らない」とやり過ごしている年長者は、足をすくわれかねない。

## HOW TO 脳内経験

その実践は、次のようなフローチャートをイメージするとよい。

**「発見する」→「疑問を持つ」→「感想や意見を持つ」→「疑問を持つ」→……というような「考える」プロセスを持ち、それを連続させるということ。**

先に書いた「まあまあなラーメン」ならば、（発見）まあまあの割に客は入っているな→（疑問）なぜだろう？→（感想・意見）きっと場所がいいからだ。駅前の一等地→（発見）家賃が高そうだ→（疑問）その分価格にはね返っているのかな？→（感想・意見）確かにこの店の味玉は高い。150円→……

気がすむまで続けてもいいし、スマホでその周辺の家賃相場を調べて展開を広げてもいいし、飽きたらやめればいいし。

ラーメン屋じゃなくても、飲食店は「脳内経験」のビギナーに向いている。そもそも食べ物というもの自体が感想や意見を促すし、接客を受けると評価したくなるものだから。そこでの（いい／悪い）発見をきっかけに、疑問（何でこうなんだろう？）から考えを連ねることは自然な流れだ。

本や映画も根源的に感想や意見を求めている。

「読んだ→面白かった」「観た→泣けた」でやめずに、それをきっかけに「なんで面白いと思ったんだろう？」「どうしてあのシーンで泣いたんだろう？」と疑問からスタートとしてみれば、必ず興味と理解が深まり、記憶に残る「経験」となる。

もし主役のカップルが美女と美男じゃなかったら、とか「脳内経験」してみるのも面白そうだ。

「脳内経験」は、現実の「経験」がきっかけじゃなくてもできる。

（予想が一つも的中しなかった競馬予想家の日曜日の夜って、どんな感じなんだろう？）（5日後に世界が終わりだとわかったら、その5日間で何をするだろう？）なんてふとした思いつきからでも「脳内経験」はスタートできる。

まるでお題を出された大喜利のようでもある。目をつぶっていても、耳を塞いでいても、ランニングしながらでもできる。

脳に始まり脳で完結する、まさに「脳内経験」の真骨頂である。

脳を動かすトレーニングだの、脳内データベースの拡充だの構えなくても、**「脳内経験」はそれだけで楽しい。人も社会も、疑問や発見や驚きを提供してくれる。必ずクセになる。いつでも、どこでも、誰でも、何に関してもできる。しかもタダだ。**

ぜひ。

# ホテルオークラの謎

「取るに足らない」から始まる「脳内経験」のエピソードを書いてみます。

（ほんとうに「取るに足らない」のですよ）

仕事で福岡によく行っていた時期があって、その折はホテルオークラ福岡に宿泊することが多かった。

ある日チェックインを済ませエレベーターに乗ると、その最上階にPという行き先ボタン。

ホテルでPと表記するのは、きっとペントハウスじゃないか。階数も数字じゃなくそこだけアルファベットのPなのだから、きっと特別なフロアなんだろう。一度は泊まってみたいものだと思った。

そしてその後も何度もそのホテルを訪問し、Ｐの発見から数ヶ月後、フロントで渡されたルームキーに刻まれたそのＰの文字。

ワクワクしながらＰの行き先ボタンを初めて押した。しかし到着したのは他の階と同じようなエレベーターフロア。廊下も同様。室内に入ってみても特別なことはなにもなし。違うのは部屋番号につくＰの文字だけ。

ちょっとがっかりはしたが、それよりもどんな思惑があってＰなのかが気になった。

（何も理由がなければこんなイレギュラーなことはしないはず）

でもまあフロントに電話して質問するほどのことでもなし、とＰの件はもう一度意識下にしまわれた。

それからさらに月日が流れて、いつものようにチェックインを済ませ、例のエレベーターに乗り、行き先階数のボタンを眺めながら、ふと（あ、13階か）と思った。

福岡は言うまでもなく日本有数の国際都市であり、韓国釜山などは高速船ビートルで３時間の対岸である。韓国から年間78万人が福岡市を訪れ、インバウンド総数中37・３％に達している（２０１５年福岡市観光統計）。

意外な気もするが、韓国宗教の最大勢力はキリスト教であり、２００５年の古いデータになるが国民の3割を占める（韓国政府統計庁）。彼らの福岡訪問、そこにさらに他国からの訪問者が加われば、福岡きっての有名ホテルであるホテルオークラには少なからぬキリスト教徒が宿泊することになる。（日本全体のインバウンド総数中、キリスト教徒は40%を超える）

そこで13というキリスト教の忌数はマズイという判断があったのだろう。20階建ての13階ならばまだしも、13階建ての最上階である。死刑台のメタファーでもある数字である。キリスト教徒でなくても避けたいところだ。

どうやらその想像はアタリだった。同じ博多駅地区にある日航ホテルは、同じ13階建て、やはり13階を飛ばし、最上階を14階としているというように。

さらに両ホテルの「13階」を突き詰めると、それは福岡空港が市街地に近いことに伴う航空法の規制によるもので、ホテルオークラのあるエリアは当時地上50メートルという規制を受けていたということがわかる。

## つり革自問自答

もう一つ。

以前電車の中で「つり革」のことを考えたことがあった。電車の車内にぶら下がるアレである。ふと見上げると急にソイツが気になった。

名称からしてツッコミどころだ。

（なぜ「つり革」なんだろう？　重要なのはむしろ輪の部分だ。同じような形状のものを体操競技では「つり輪」と呼んでいる）

（つり革が必要なのは立つ客がいるから。通勤とも関係があるはず。事実ＪＲの新幹線や特急にはない。つり革が生まれたのは電車通勤の始まりの頃。もしかしたらそんな昔は革だけだったのかも↑アタリ）

（輪の直径は決まっているのだろうか？　あるとすれば誰の手を基準にしているのだ

ろう？　革部分の長さや左右の間隔の基準は？　何kgくらいの負荷まで耐えられるのか？）

（値段はいくらくらいなんだろう？　一般人でも買えるのかな？）

（なぜ白が多いのだろう？　汚れが目立ちそうな気がするが。まあ、黒だと車内が暗くなるか）

（近頃は三角形のものや白じゃないものも見かける。変更の理由があるとすればなんなのだろう？　三角形にどんなメリットがあるのか）

（輪の握り方も人それぞれだなあ。輪の内側を握る人。上側に手をかける人。輪に「グー」を通す人。一度ハンカチを巻いて持つ老婦人を見たことがある。潔癖症なのだろう。潔癖症の人はオレの好きなラーメン二郎なんて行けないな）

（子どもの頃ぶら下がったことがある。そう言えば電車の中で騒いだりふざけたりすると、知らない大人からも怒られたな。今はよその子どものことは叱れない。「よその子どもを叱る」ことに関わる数値をまとめた統計などはないものか。そこから社会の変化を読み取れれば面白いかも）

（お相撲さんがぶら下がったらどうだろう？　大勢のお相撲さんが楽しそうにぶら下がって揺れながら、全員で「マダムバタフライ」でも歌ったら面白いだろうな。テノ

ールで）

（そんなテレビＣＭはどうだろう？）

（うーん、ないな）

ぼーっとつり革を眺め、そんなことを飽きずに考えていた。

「ついに、お相撲さんオペラＣＭ化！」なんてことは今のところないが、そんな「脳内経験」している方が、スマホの画面に顔を伏せるよりも楽しいと思うけどな。

## 哀愁の消しゴム

最後にもう一つ。

授業でこんなことをやっている。

「消しゴムのことを3分間しゃべってみて」

当てられた学生は最初の言葉を必死に探すが、もちろん

彼や彼女は消しゴムのことなんか考えたことはないはず。

「白くて、四角くて」

そうだね。それから？

「字が消えて」

まあ消しゴムだからね。

「えーと」

3分間は意外と長いことに、彼や彼女は生まれて初めて気がつく。

「間違いを消します」

それだけ？

「消したらまた書けます」

それは鉛筆だね。

さらにうーんうーんと唸っているうちに、ここで3分。


ぼくはその場で考えて一気に答える。

使い始めの頃は真っ白できれいな直方体だ。でもやがて黒く汚れ角は取れる。それは全部鉛筆のせいだ。そもそも消しゴムは鉛筆が存在しないと存在しない。どうやら鉛筆がその関係の主導権を握っている。主従関係と言えるかもしれない。「間違えたぞ、早く消せ！」とか。

話は変わるが、消しゴムはなくなりきる前に捨てられる珍しい製品だ。最後まで使われないシャンプーはないし、マヨネーズなんかも最後の最後まで搾り出される。珍しい終わりかただ。まだ働けるのにリストラ？　ただでさえ、みんなＰＣで書く時代だ。２０１８年、消しゴムの居場所は少ない。

消しゴムの仕事は、基本的には鉛筆の尻拭いというか問題処理だけれども、もしかしたら消しゴムは鉛筆が失敗するのを待っているのかもしれない。そうしないと自分の出番がないから。そう考えるとちょっと意外な悪意が。

持ち主があまり間違いすぎるとイライラしているのかも。いつもこっちをあてにするんじゃない、とか。消すならきちんと消せ、とか。きっと几帳面なんだろうね。ズボラじゃ消しゴムやってられません。

（学生たちは、どうかしちゃったのかこの先生、という顔で見ている）

# 第２章　まとめと課題

この章では、うまく伝わらない理由❷「想像や発想のための『脳内データベース』が乏しい」の解消について展開してきた。

まとめると以下のようになる。

◉何かを考えようにも受け手を想像しようにも、そのための「水がめ」が必要である。
◉それを「脳内データベース」と呼ぶ。そこに「経験」を蓄積する。
◉現実的な「経験」では時間がかかり、不都合なこともある。
◉「もう一つの経験」である「脳内経験」を提案した。
◉現実的な「経験」などをきっかけに、「そこからさらに考える」ものだ。

そのベネフィットをまとめておきたい。

## ◉脳内経験のいいところ①「脳内データベース」を無限に拡充してくれるところ。

「脳内経験」は、結論を求めることよりも、むしろ「考えた」プロセスに実りが多い。

「つり革」は、初めは小さな疑問に過ぎなかったが、その後思わぬ気づきがあったり、途中で周辺情報を呼び込んだりして、想像は線的に伸び、面的に広がっていく。「脳内経験」の醍醐味はそのプロセスでの発見であり、「考える」ことが連なっていく連続性とスピード感だと思う。

「つり革」についての「脳内経験」は、先ほど書いた分だけで約800字になった。そのプロセスすべてが「脳内データベース」に蓄積される。「受け手」のことを考えるにも、その求めるベネフィットを想像するにも、この「脳内データベース」が充実していなければ話にならないことを、ぼくはよーく知っている。

「脳内データベース」を拡充することは、無条件にアドバンテージである。「つり革」について考える前の脳と、「つり革」について考えた後の脳では、事後の脳の方が、仮に微差としても明らかに進化していると言えないか。

**◉脳内経験のいいところ②「発想する脳」をつくるところ。**

もとはといえば、しょせん「とるに足らない」ことである。でも「とるに足らない」ことをきっかけとして活かし「経験」として蓄積するのは、「脳内経験」のオリジナリティ。

そしてそれを繰り返すだけで、考えるクセがつく。「すぐ動ける脳」をつくる。これは次章に述べる「アングル」「ツリー」や、そこからの発想のためのベースとなる。

**◉脳内経験のいいところ③ いつでもどこでも誰にでも、なに相手にでもできるところ。**

日常のどこかにでも、小説や映画にでも、思いついたことにでもきっかけを求め、「そこからさらに考える」だけでいいのだ。

嫌になったらその時点でやめてしまえばいい。どういうことを考えてもいい。

人に言えないような想像も、人に言わなければ恥ずかしくない。どんな邪悪な考えも脳内だけなら咎《とが》められない。

いわゆる経験のように傷つくこともない。疑似体験のように長い時間を費やす必要もない。

「脳内経験」は自由だ。

**「発見の旅とは、新しい景色を探すことではない。新しい目で見ることなのだ」という言葉がある。**

残念ながらぼくのものではなくてフランスの作家マルセル・プルーストの言葉なのだが、ちょっと拝借して、優先するべきは「経験」するもの自体（新しい景色）ではなく、どんな取るに足らないものでも、些細《ささい》な出来事であっても「新しい目」をもって見ることだと解釈したい。

どんな些細な、取るに足りないことでいいのだ。「新しい目で見て」「考えた」という「経験」を脳にさせてやるのだ。

第3章

# 「共有エリア」への道

この章では、うまく伝わらない原因③

「受け手との『共有エリア』に

立っていない」の解消を考えたい。

共有エリアに立つことで、

相手にとってのベネフィットは何かが

わかりやすくなる。

## アウトプットへの道

**「伝える」とは、「受け手を自分の望む方向に動かす」ことだ。**
**しかし、受け手は「ベネフィット」を感じなければ動かない。**
**そのためには「脳内データベース」が充実していないと話にならない。**
**その拡充には「脳内経験」が有効だ。**

そういう流れで、ここまで展開してきた。

この章では、うまく伝わらない原因❸「受け手との『共有エリア』に立っていない」の解消を考えたい。

ここまでは、言うならば「伝える」ための「基礎体力づくり」である。「脳内データベース」を考えると「インプット」である。

ここから一気に、「伝える」現場にまで到達したい。「アウトプット」するのである。

「共有エリア」は「ベネフィット」を考える決定的なキーワードだが、その前にやっておかなければならないことがある。

## 発想の準備

**「基礎体力づくりインプット」で重要なものが「蓄積」だとすると、伝える「アウトプット」で必要なものは「発想」である。**

受け手を想像することも、「受け手の言って欲しいこと」を推定することも、受け手が興味を持つようなアイディアを思いつくことも、そのすべてが「発想」である。もちろんその質と量は「脳内データベース」に負うのだが、「脳内データベース」は言ってみれば知的な倉庫。そこにいかに大量のデータが保有されていても、その切り出し方、使い方が適切でなければ、効果的な「発想」にはつながらない。「脳内データベース」は、必要条件ではあるが十分条件ではないのである。

**それならばぜひ手に入れたいのは、スムーズに「発想」する方法である。**

「脳内データベース」を十分に活用し、受け手の状況を把握し、受け手にとってのベネフィットを見極める。そんな発想のための準備をしておきたい。

**その方法論として「アングル」と「ツリー」を提案する。**

その前に、恒例の「できなかった」話から。

## コピー100本ノック

1985年の職場環境は牧歌的だったが、仕事自体は、なかなかついていけないという意味で、部活の一年生の夏合宿を思い出させるようなものだった。

例えば「キャッチフレーズ100本ノック」。

(ノックでもなんでもないが、語感がいいのかそう呼ばれていた)

新人はどこかのチームに入って、キャッチフレーズやボディコピーを書かせてもらう。当然先輩コピーライターはいるし、例によって、作業的にはぼくはいてもいなくてもいいという配置だ。

キャッチフレーズなら、問答無用に「100本書いてこい」。象徴的な意味ではなく正味100本書いて、企画会議に提出する。100本書いても、写植に組んでもらえたことはあまり記憶にない。

100本とは、指示する側には切りのいい数字だが、書かされる側はなんとも苦行である。何しろこっちの「水がめ」はスッカラカンときている。

最初の20案くらいはなんとか捻《ひね》り出せる。コピーとしての体裁は取り繕ってあるが、このコピーがまた実に面白くない。

次の20案は、もはや商品やサービスには関係なく、単に思いついた言葉が並ぶのみ。「やったぜ!」「これが人生というものだ。」「ぼくはここにいます。」

もうコピーかどうかもわからない。

それを越えると、もうため息とイヤな汗しか出てこない。根性で書き続けてみるのだが、根性でコピーが書ければ苦労はしない。似たようなコピーで数字を稼ぎ、ついには文末が変わるのみ。

「愛だ。」「愛である。」「愛かもしれない。」「愛だったりして。」「愛ならどうする?」

さすがに諦める。明日怒られれば済むことだ。なんだ、もう朝か。寝る。

で、やっぱり怒られる。

これもやはり「脳内データベース」の貧弱さ、つまり経験値の低さに端を発するものだが、「緑のウンチ」事件の「振ってもなんにも出てこない」こととは問題の種類が少し異なる。

**ここでの問題は、いわゆる視野の狭さ、つまり視点の少なさである。**

コピーのキレとかアジはまだ先の先のこととして、「オマエ、引き出し少ないねー」と、呆《あき》れられない程度には考え方に幅はありたいものだと願った。いくら願っても「水がめ」が空っぽなのだから振っても何も出てこないのだが、ある日ふと「いいこと」思いついた。どうやってそういうことに至ったのかは、まったく覚えていない。

ある商品がある。そのコピーを書くとして。
最初にそれに関する10個の考え方を書き出す。
その各々を起点にまた10個ずつコピーを書く。
10×10で、なんと一気に100個の出来上がり。

つまり、まずA～Jの10個の起点を用意して、それぞれの起点からA－1、A－2、A－3……J－10というわけだ。

最初の10個に考え方の幅があれば網羅する範囲も広い。

それが「コピー十進法」。

（今名付けた）


これが「アングル」「ツリー」の原型である。

（実話）

## まずアングルから

「アングル」とは、複数の視点を用意しモノ・ヒト・コトを見る幅を広げ、独りよがりや思い込みから逃れ、発想の妥当性を確保する方法である。

**一つのモノ・ヒト・コトを見るいろいろな視点、ということ。**

その「アングル」を用いることには、2つのメリットがある。

**①主観だけに頼るリスクを避けられること。自分の見方の妥当性の確認ができること。**

**②視野広く幅を持って「ツリー」の起点を確保できること。**

（ツリーについてはのちに詳しく）

まず、「主観」を疑うところから始めたい。

ぼくらはモノ・ヒト・コトを自らの主観で見て、考えている。あたりまえだ。それしか持っていない。しかし一人ひとりの主観は、あくまでも一つの視点からだけの、モノ・ヒト・コトへの見方・考え方だ。

つまり一方向からの偏った見方、「偏見」ともいえる。

ところがそんな「主観という偏見」をもって眺め、想像し、判断して、実行することに、基本的には何の疑問も持たずに生活している。いちいちそれを意識することは面倒くさいことだとしても、明らかな欠陥である。

ましてやコミュニケーションにおいては、「受け手がすべてを決める」のだ。「受け手の考えるベネフィット」を推定するのに、送り手の主観だけが根拠ではうまく伝わる方がおかしい。

とはいえ、生まれてからずっとその「偏見」と生きてきたのだ。問題意識を持ちがんばったところで、なかなか直らない。**まず自らの「偏見」を認識すること。そしてそれを遠ざける方法が「アングル」である。**

## ナカサコは何者だ？

「オレは偏見なんて持ってないよ」という人もいると思う。でも誰でも、知らず識《し》らずのうちにやっちゃっているのだ。

ぼくの会社にナカサコという男がいる。

ぼくにとっては頼りになる部下であり、同じ職場で働く仲間だ。

**他の女子社員からすれば、（たぶん）かわいい年下の後輩。**

**ぼくの友だちO氏からすれば、タカシのところの大阪から来た面白そうなヤツ。**
**彼が昔働いていたバーの客Pくんからすれば、東京に行ったサコちゃん。**
**大阪時代のバンド仲間Qくんからすれば、腕っぷしの強いドラマー。**
**近所の中華料理屋R軒からすれば、いつもたくさん食べてくれる上客。**
**両親から見れば、遠く離れて暮らす息子。**
**奥さんからすれば、（たぶん）最愛の夫。**
**隣の人から見れば、仲のよい若夫婦の人のよさそうなご主人。**
**通りすがりの人からすれば、やはり通りすがりの人。**

こう考えると、ぼくの視点から見た「ナカサコが頼りになる部下」であることなど、彼のごく一面的な事実に過ぎない。そしてもし仮に、上にあげた誰もが彼に対して自分の視点しか持ち合わせていなかったら、やはりそれも偏見というものである。

「ナカサコって大阪から来た面白そうなヤツだと思っていたけど、そうでもないよね」と、ぼくの友だちO氏。

（小太りの大阪人が、みんな面白いわけではない）

「ナカサコが東京ではドラムやっていないなんて、アイツからドラムとったら何が残るんや」と、バンド仲間Qくん。

（ナカサコにはもっといろいろあるんだよ。他の人の視点が図らずも示してくれている）

「あんなに仲よかったのに離婚しちゃうなんて、ご主人が浮気したのかしらね。がっかりだわ」と、隣の人。

（ナカサコに対する一方向的な見方で、それこそ余計なお世話だ）

※ナカサコは浮気しません。離婚もないと思います。あくまでも説明のための架空のネタです

## モノ・ヒト・コトを見る複数の視点

ぼくらは無意識のうちに、モノ・ヒト・コトに対して主観という一つ（だけ）の視点から眺めては、「Aっていらないよ」「あの人はBな人だな」「近頃の若者はCがないね」と決めつけて生きている。それが妥当かどうか検証もしないで、平気で「Aっ

て」と口にする。

それが「主観は偏見に過ぎない」ということの実態である。モノ・ヒト・コトを一方向からしか見ていないことに疑いも持たないから、そんな実《じつ》のない言葉になるのだ。

では、例えば「ナカサコ」に対するみんなの「主観という名の偏見」を持ち寄ったらどうだろう？

つまり「ナカサコ」は、「頼りになる」「かわいい後輩」「大阪から来た」「面白そうな」「太った」「ドラマー」「よく食べる」「息子」「夫」「人のよさそうな」30過ぎの男ということになる。

それで人間ナカサコの全体像が語れるわけではないが、無邪気に自らの主観だけを信じて認識・理解した気になる愚は避けられる。少なくとも「ドラムとったら何が残るんや」という的外れな批判はもう出てこない。

つまり、**モノ・ヒト・コトを見たり考えたりするときに、積極的に複数の視点を用意するのである。**

それが「アングル」の基本的な考え方である。

一つの視点、主観からだけ「ナカサコ」を見ることとは、すでに偏見と呼べるものだ。

それを避けるために視点（アングル）を増やすことによって視野を広げ、全体像を俯瞰《ふかん》してみる。モノ・ヒト・コトをできるだけ的確に把握しようとする方法論である。

**それは同時に「脳内データベース」を健全に保つことにもなる。**

主観は偏見である。そんな主観のみを尺度にすれば「経験」（特に「脳内経験」）もやはり偏り、それがいつものこととなれば当然偏った「脳内データベース」が出来あがる。そんな「脳内データベース」に「経験」をどれだけたっぷり貯め込んでいても、偏った状態では「発想」にも、その先の「伝えること」にも素直に信頼は置けない。（自分のものなのに）

それを避けるためにも、また視野広く考えるためにも、「脳内経験」に「アングル」は有効だ。

## アングルのつくり方

モノ・ヒト・コトを見る複数の視点を持つこと。普段の生活には、もともとその発想はない。面倒くさいし、判断も滞る。
ただここまで書いてきたように持たなければならないものならば、意識的につくるしかない。

試しに適当にテーマを決めて、「ナカサコのアングル」を参考に展開してみる。
まったく難しいことじゃないのです。そのテーマに関して、最初に思いついた10個を並べてみればいいだけ。「〜といえばXX」という感じで。

例えば「4月」をテーマに「アングル」を展開してみる。

**4月といえば**
**何と言っても「春」である。**
**春となれば「暖かい」。**
**服は防寒着ではなくなり「ファッション」の出番だ。**
**オシャレしたら「行楽」のシーズン。**
**新入生、新入社員は「フレッシュマン」。**

**ぼくらリフレッシュマンにとっても「年度始め」であることが多い。その時期多いのが「異動や転勤」、だからこそ新しい「出会い」もある。フレッシュマンもリフレッシュマンも「花見」で一杯。花は花でも「花粉症」の時期でもある。**

「春」「暖かい」「ファッション」「行楽」「フレッシュマン」「年度始め」「異動や転勤」「出会い」「花見」「花粉症」これで4月の「アングル」10個。

大げさな前振りの割には、「アングル」は意外なくらいあっさり導き出される。気をつけるのはある程度以上、視野を広く多様性を確保することくらいである。簡単な作業だが、それだけでおそらくこれまでなかった、モノ・ヒト・コトへの複数の見方・考え方が手に入ったはず。少なくとも「4月は暖かいなあ」という見方は、ごく一面的なものであることに気がつく。

## ツリーを伸ばす

「アングル」は、「発想」のために欠くことのできないステップだが、それ自体は「発想」と呼べるものまでには至っていない。これまでに見たように「アングル」には普通の言葉が並んでいるだけで、それだけでは目新しい発見があるわけではない。

**妥当性を探る作業でもあるので、斬新すぎても困る。**

「アングル」をどれだけ増やしても、自分の普段の主観とは違う主観を増やしただけである。「4月は花粉症の月でもある」と、自分としては未知の発見をした気になっても、花粉症に悩む人には「そうだよ、それがどうかした?」という既知のことである。

「アングル」は「発想」のための準備である。そこからバトンを「ツリー」につなぐ。

**「アングル」が「妥当性」「多様性」担当ならば、「ツリー」は「ユニーク」担当。**

コラム

## 模範（？）実技。発想とはこういうこと

まず「発想」の全体像から見てもらいます。
ぼくだって普段からこんな面倒なことやっているわけではありませんが、一度は全体像を見てもらう必要があると思います。

「4月」をサンプルに。
「アングル」は先ほど挙げたもの。
そこから「ツリー」を伸ばしてみる。
「ツリーを伸ばす」とは「脳内経験」。
「アングル」をきっかけに「そこからさらに考えて」みるということ。
「コピー10進法」の後半部分。

「4月」→「（アングル）春」→「ツリー」

つまり「春」から「さらに考える」と。

「穏やか」「やさしい感じ」「春のパスタって？」「春風のいたずら」「浮かれる」「緩む」「明るい」「日差しがうれしい」「冬の後だから余計に」「いつからいつまでが春」「5月は春じゃない」

「4月」→「（アングル）年度始め」→「ツリー」

「会社員の新学年である」「ある意味年始」「2度目のチャンス？」「フレッシュマンとリフレッシュマン」「転勤や転部の人がいるかも」「変化の月」「人事異動や組織替え」

「アングル」は妥当性を探る意味もあるので、むしろ普通の言葉（春、年度始め）を置くのが適切だが、「ツリー」では「そこからさらに考えて」ジャンプを試みる。単語でもいい。文章でもいい。思いついたままに、自由度高く。

ただテーマ（この場合は4月）から飛躍しすぎないように。

（テーマ）「4月」→（アングル）「年度始め」が→（ツリー）「今期のノルマ」だと、すでに4月と関係性が切れている。

このようにして各々の「アングル」から同じ要領で「ツリー」を伸ばし、「4月」の「アングル」×「ツリー」の全体図を広げてみた（次ページ）。

しかしこの壮大な「ツリー」は、その先端に答えが書いてあるわけではない。つまりまだゴールではない。ここもまだ「発想を言葉にして伝える」ための準備段階である。

その全体像を俯瞰して、そしてそこに書かれているあらゆる言葉を眺め、読みながら、それをきっかけに想像力を駆使し思い浮かんだことを書き出してみる。そこまで来ると「発想」のゴールも近い。

「脳内経験」にからめて、考えることを「頭の中の白紙のノートにどんどん文字が書き込まれていくような」と書いた。「アングル」と「ツリー」の全体図を俯瞰しながら、脳に浮かんだものを言葉や文章を白紙のノートに書き込むイメージで以下に書いてみた。

これも「脳内経験」の要領である。

## 4月（アングル×ツリー）

- 1 春
  - 春は待つもの
  - 穏やか
  - やさしい感じ
  - 春風のいたずら
  - 明るい
  - 日差しがうれしい
  - 陽気
  - いつからいつまでが春？
- 2 暖かい
  - 寒い日もある
  - 外出
  - 南は暖かいが北は寒い
  - 人が増える
  - 花が咲く
  - 気持ちも明るくなる
  - 高揚感
  - 眠くなる
  - 日なたぼっこ
- 3 ファッション
  - 寒暖差
  - 冬服を着るか着ないか
  - 冬と夏の間の服
  - 春色
  - カーディガン
  - TPO
  - 新しい服
  - 冬から春服は売っている
  - 春しか着られない服
- 4 行楽
  - 暖かくなると増える
  - お金がかかる
  - 合宿
  - 電車
  - 人気のある月
  - 遊園地
  - 川・山
  - 家族
  - 国内旅行
  - お弁当
- 5 フレッシュマン
  - 初々しさ
  - スーツ
  - 三年三割
  - 一生に一度
  - 誰しも一度は通る
  - 見た目でわかる
  - 仲良くなる
  - 入社式
  - やる気

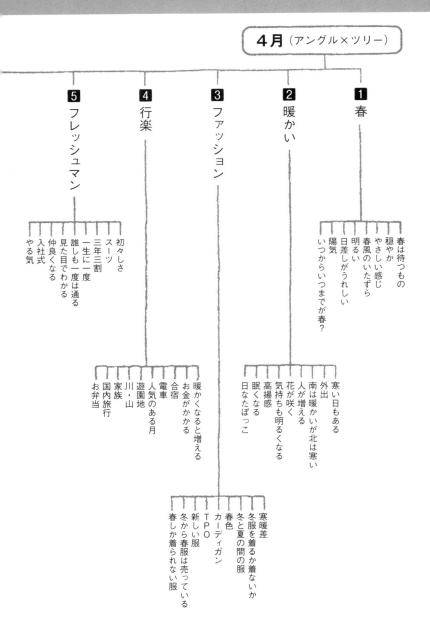

**6 年度始め**
- 新年度
- スタートでもある
- リフレッシュマン
- 転勤・転部
- 変化の月
- 予算
- 昇格・昇給
- 宴会
- 新方針

**7 異動や転勤**
- 歓迎会
- 新たな出会い
- 引っ越し
- 新天地
- 気が合う人がいれば良い
- 変化
- 単身赴任
- 不安
- 緊張感

**8 出会い**
- 恋人
- 進学
- 就職
- 新鮮な気分
- うれしい
- 別れ
- 大きな出会い小さな出会い
- 良い出会い悪い出会い
- 生活も変わる

**9 花見**
- 場所取り
- 短い
- 桜好きな日本人
- 花びら
- 夜桜
- 春の雨
- 葉桜
- 散る
- レジャーシート
- ビール

**10 花粉症**
- つらい
- ずっとならない人もいる
- 春が嫌いになる
- 4月だけじゃない
- マスク
- アレルギー

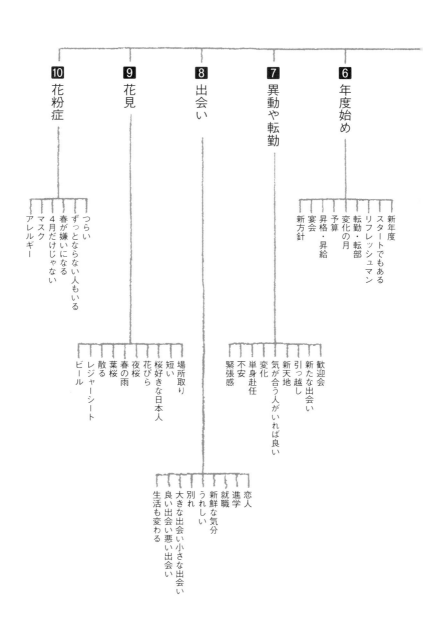

4月を春だと言っても日本は縦に長い。南の方では日差しが暖かくても北のほうではまだまだ寒い。北海道の人は東京の春を知らせる報道をどんな気持ちで見ているのだろう?4月のドカ雪で交通マヒ、なんてニュースについても聞いてみたい。どこの何が基準に春で一体いつからいつまでが春なんだろう?それにしても4月いっぱいで春がスパッと終わる感じがするのはなぜだろう。5月は断じてもう春じゃない。1日違いで春じゃないとは!それにしても暖かくなると、街にも新幹線にも人が増える。4月は需要と供給のバランスからホテルも高い。お金がかかって逆に旅しにくい月なのにどうしてみんなそんな4月に?人気にあぐらをかく4月。「春が来た」「夏が来た」「冬が来た」でも「秋が来た」とは言わない。なぜ?「夏が終わる」と言う。「春みたいだ」と言われる人。「夏みたいだ」と言われる人。「秋みたいだ」と言われる人。「冬みたいだ」と言われる人。それにしても、「4月といえば春」というのはありきたりでつまらないな。まあ春はいいよな。春は待たれる。夏はそれほどでもないが待たれる。秋ではなく、しのぎやすくなるのが待たれる。冬はあまり待たれない。でもそれは主観によるな。寒暖差が激しい日があるからファッションには意外と気を使う。それを言えば夜桜。昼の陽気の気分で夜の公園に行くと寒すぎる。桜やビールどころではない。桜の罠である。冬のダウンが欲しいところだが花見にダウンは野暮だ。

「ファッションは気合い」がここでもわかる。新入社員に花見の場所取りをさせなくなったのっていつからだろう？ここ2、3年で会社や仕事などでの人間関係がガラリと変わったような気がする。4月から新年度の会社は新方針で4月ごとに変わるのかもしれない。それはそうと桜は「1週末」限定。すぐ来てすぐ行く。「二泊三日で、春がいく」。花を散らせる雨の気持ち。「春の雨」って語感はやさしいが実際には強い雨。「春の」をつけるとやさしくなるな。「春の旅」「春のパスタ」「春合宿」夏合宿とは大違い。やること同じなのに。「春の海外出張」遊びじゃないよ。ところで「日本人は桜が好きだ」はホントにホントか？嫌いな人はいないのか？嫌いなら理由はなんだろう。今気がついたがぼくも好きというほどではない。「桜の散り際」というけれど、散った桜は一気にゴミになる。そして頭上には何もなかったかのような青い枝葉。花びらは捨てられた？実は悲哀？どう理解すればいいんだろう？4月だけの物語だな。4月はスーツの着こなしも初々しい若者が増える。初々しいというか似合っていないというか。「あだ名がメガネなのはメガネが似合っていないからです」なんてコピーあったな。でも3年で3割も会社辞めちゃうんだもんな。春にはそれはおいといて4月って始めるのにいい月だなあ。暖かいし花も咲く。春は異動や転勤の季節。進学や就職で恋人たちの別離のシーンも。ただ転出は3月中に終わっていることが多く、4

月は新しい出会いだけ。なんかいいとこ取りなのか、結果的に楽しい月なのか。4月は我らリフレッシュマンも新年度であることが多い。フレッシュマンに新鮮な気分のおすそ分けを勝手にもらって。それにしても始める月は本来1月だよな。再スタートってことか。元旦の計も三が日坊主だしな。ちょうどいい時期か。もう一度始めせてもらえるとはありがたい。4月はやさしいね。フレッシュマンにしてみれば新卒新入社って形だけでも一生に一度。つまりその4月は一生に一度の特別な4月。そう思われる4月も幸せな月だ。しかし5月病が5月のものだったとしたら、その原因は4月にあるということ?単に浮かれていい月ではなさそうだ。それにしても5月病なんて名称、5月がかわいそう。4月のツケを押し付けられて気の毒だ。やっぱり4月は調子よすぎない?それにしても花粉症……。

このあといくらでも続くのだが、きりがないのでこの辺で。

これが、脳の白紙のノートに文字を書き込むということである。
もうこのノート、真っ黒でしょ?
それをイメージしてもらうために読みにくい、箱組みのレイアウトにしてみた。

次に「真っ黒になったノート」をあらためて見てみる。

ディテールを拾ったり、言葉（概念）同士をつなげてみたり、さらにそこから想像力を働かせてみたりして、妥当性が高く、ユニークなアイディアを探る。

この「4月」での「アングル」×「ツリー」は説明用の練習なので、特に結論は用意していないが、よく見てみるといくつかのアイディアのようなものが発見できる。

○4月はまだ寒い月でもあり、4月はすでに暖かい月でもある。（まさしく「アングル」である）
○4月の夜は冬である。（桜の罠）
○春は明日までです。心残りなく。（意外なことに4月30日は特別な日）
○政治よりも経済よりも、4月の雪がトップニュースになる街、東京。（北海道の人はどう思っているんだろう？）
○春みたいな人になりたいものだ。冬みたいな人と言われたら、どういう意味にとればいいのだろう。（春は絶対善か？）
○それにしても秋の不憫《ふびん》なことよ。（秋は来ない季節）

○4月はやめておきましょう。（旅の新提案）
○「桜の花見て楽しい？　とそっと言い」ほんとうは好きじゃないといまさら言えないのが、「桜」「温泉」「祭り」。（決めつけていないだろうか？）
○1月にうまくスタートを切れなかった人にもセカンドチャンスをくれる。4月はやさしい月。（ものは考えようで）
○一生に一度の4月になるのだから、企業は忘れられない入社式を催すべき。そうすれば新人は自分たちを大切にしてくれる会社、という第一印象を持つ。（実践的なアイデアかも）
○新人にとって4月は諸刃の剣。いいスタートがきれるかどうかで「3年3割」の転職の判断、さらには会社員人生を決めかねない。（新入社員にとっても企業にとっても）
○それにしても、別れは3月に押し付け、病は5月に押し付ける。4月って、いったいどういうヤツなの？（思っても見なかった「4月」）

ここまで述べた「発想」を時系列で整理すると、次のようになる。

①「アングル」を用意する。

②そこから「ツリー」を伸ばす。

③「アングル」×「ツリー」の全体像を俯瞰しながら、思いついたことを言葉や文章にしてみる。

「脳の白紙のノート」に、「そこからさらに考える」ように、想像力を駆使して書き込むのである。書くのが面倒ならば、思ったことを口にして録音してみるのもいい。書くよりもスピード感もある。

（人に見られると、ちょっと恥ずかしい）

④その文章の中に「アイディア」を発見する。

**「アングル」×「ツリー」↓「ノートの真っ黒な書き込み」↓「アイディアの発見」**

これが「発想」のフローである。

このフローを経て「ユニークな発想」が生まれる。しかもそれは「アングル」によって「妥当性」を担保されている。

そして、「脳内経験」をはじめとする「経験」をせっせと蓄えた「脳内データベース」が、そのフローに知識や知見という考えるためのデータ（新入社員の時に想像した「水がめの中の何ものか」）を供給しているのである。

「脳内データベース」が乏しいデータしか供給できないと、「発想」のフロー自体が痩せてしまうこともわかってもらえると思う。

冒頭で、「気の利いたことが言えるようになる」「提案力が高まる」という約束をした。例えば先に書いたように「4月」を「発想」してみれば、オフィスでの会話も少しは変わる。

**「今度の部長、まるで春だよ。前の人が真冬だったからね」（ヒソヒソ話）**

**「明日の夜桜見物、幹事はブランケットを何枚か用意したおいたほうがいいぜ」（上司）**

**「4月は希望の月だ。しかしその希望が折られると、新入社員は会社を愛さなくなる。希望を大切にしながら教育しよう」（人事部の見解）**

仕事でも日常でも「ちょっと気が利いた言葉」「先回りした提案」を伝えることは

求められるのである。もともとそのような伝え方のできる人は、「アングル」を整理して「ツリー」を伸ばし、なんてことはしていないだろうが、脳の中では同じようなフローを経ているのだと思う。

**つまり、そういうフローの意識を持つことに慣れてしまえば、どんなトレーニングでもそうであるように、「発想」は図らずとも自然と身につくようになるものだ。**

## 「共有エリア」に立つ

そろそろ、伝えたい。

「発想」が言葉になり、受け手にうまく伝わり、自分の望む方向へ動かせたら、そこがゴールである。

「アングル」×「ツリー」↓「ノートの真っ黒な書き込み」↓「アイディアの発見」まではきた。しかしまだ、アイディアのうちのどれが有効なのか決定していない。決定していないのは、受け手を決めていないからだ。

**受け手さえ決まれば、彼や彼女の「言って欲しいこと」を選び出せばよい。**

ここまでは特に受け手を定めずに話を展開してきたが、実際には仕事の提案にも雑談にも告白にも受け手がいる。「4月」のケースもその設定をしなかったが、それを「誰に」伝えるのかによって変わるのが「発想」のフローの最後のところ。それはとりもなおさず、「ベネフィットの選択と決定」ということである。つまり、すべては受け手が決めるのだ。

その受け手にうまく伝えようとするならば、受け手がベネフィットと感じるものが送り手の言葉になければならないが、ベネフィットのところで触れたように「送り手の想定する受け手のベネフィットと、受け手が認めるベネフィットが違う」ということが十分起こりうる。パスタを例に見たように「茹で時間半分」と「カロリー20％オフ」の、どちらのベネフィットがその場その時の受け手に有効かを判断して、選択しなければならないというようなことだ。

**その勘違いを可能な限り避け、的確に受け手を動かす方法論が、受け手と送り手の「共有エリア」である。**実はその方法に関しては、ほぼすでに書いている。

## 私って、いいね

きっかけは、1995年。

資生堂の企業広告テレビCMシリーズを担当した。

「女性のあらゆる生き方、人生観を肯定し応援しよう」というものだった。とはいえ「あらゆる」は無理なので、低予算、多作（結果的に30本ほどつくった）で、「できるだけ」応援しようと気合いを入れて臨んだ。

しかし困ったことに、個人的には女性は遥か遠い異性である。性差だけじゃなく、そもそもわかっていなかった（もちろん今も）。かわいかったり、怖かったり、何考えているかわからない、不思議で理解の及ばない生き物だ。当然彼女たちのベネフィットもわからない（よく怒られる）。「自分で想定する受け手のベネフィットと、受け手が認めるベネフィットは違うことが多い」を地で行くようなものだ。

その頃、日経新聞に興味深い記事を見つけた。その内容は「男女雇用機会均等法施行10年目、働く女性たちが疲れている」というものだった。1995年の労働環境は、もともと男が働きやすいようにつくりあげられたものだ。おそらく10年間弱で多少は改善されていたのだろうが、そこで女性が働くのは身体や心に合わない重く窮屈な鎧《よろい》を着させられているようなものだった。

そりゃ疲れるわ、と納得したことを覚えている。

女性は遥か遠くの異性だったが、「働く」ことならば容易に想像もつく。「働く」ことに関わるいくつかの気持ちや行動や事実は、送り手であるぼくと受け手である世の中の女性たちとで共有していたと考えることもできた。

当時の「脳内経験」を、「アングル」×「ツリー」を用いて具体的に展開してみる。(1995年の仕事や会社は「終身雇用」「年功序列」の世界だ。新卒が3年で3割退職するなんて想像もつかなかった時代。それを今題材とするのは無理もあるが、あくまで「共有エリア」の事例として見てください)

○会社→上司、同僚、年次、給料、出社……

○仕事↓やりがい、クライアント、会議、プレゼン、もっとできるようになりたいが……

○友人↓仕事仲間、学生時代の友人、どうやったら仲よくなれるのか……

○恋愛や結婚↓恋愛はしたい、結婚はどうする、デート、でも忙しいと会えない……

○週末↓待ち遠しい、何もしない、なんかするべきだと思うのだが……

○通勤↓眠い、満員電車、嫌い……

○年齢↓気になる、上下関係、もっと若い頃より伸びたんだろうか……

○家族↓干渉されるとうっとうしいが、いざという時は、離れて暮らすと心配……

○社会↓その一員、しかしどうしようもない、何か役に立ちたいとは思うが……

○未来や夢↓夢より現実、もっとできるようになりたい、未来は明るいか?……

各々のアングルからツリーを伸ばしてみた。

それを俯瞰しながら想像してみた。すでに自分の脳に浮かんできた言葉を連ねればいい。

そして「アイディア」となれそうな、気になるところにアンダーラインを引いてみる。

会社といえば、とりあえず人間関係。特に上司は問題小さからず。それがどういう人かに左右されるところが、会社生活の痛いところ。上司は思いつきでものを言う、みたいな本あったな。直接のつながりがなくてもいろいろな人がいる。あれでよく部長になれたなあって人も。そういう人、逆にある種の希望。でもどんな上司にも言い分があるはず。部下は面倒くさいもの。後輩と仕事をするとそう感じないでもない。会社は上下関係でできているから、社長と新入社員以外はみんな上と下に挟まれている。窮屈なのはみんな同じか。同僚もいろいろ。たまたま同じ会社にいるってことだけが一緒にいる理由なのだから、みんなと仲良くなんて無理なんだろう。でも最低限の仲間意識とか実はあるのかな。会社への帰属意識。いい会社ですねと言われると嬉しいし。会社に文句はあっても会社員。気がついたのだが、仕事上では「X社のAです」というように会社名+名字でしか名乗らない。電話でも、初対面でも。社畜か？でも仕事は好き。好きにならなければやってられないっていうのもある。それを通して自分が伸びればありがたい。会社と仕事はセットだが、会社の人ではなく仕事の人になりたい。仕事に強くなりたいし、せっかくだから仕事で強くなりたい。自信あったり、なかったり。そんな話は人とはしないが。友人の多くは、多かれ少なかれ会社や仕事を通して知り合った人だ。と考えると、仕事は別の意味でも人生を決めかねない。もっとチャレンジしてみたい。まだ伸びしろはあるはず。漫然と歳をとるのは嫌だ。月曜は嫌いだ。日曜の夕方から嫌だ。サザエさんあたりからもう嫌だ。通勤も嫌だ。眠いし混んでるし。それでも、そんなことをもう10年間やっているんだ。英会話は1年ももたなかったのに。ネガにばかり考えないで、たまには自分を褒めてやれ。

**「アングル」×「ツリー」→「ノートの真っ黒な書き込み」→「アイディアの発見」**、のフローである。

それは「4月」のケースと同じように見える。

しかし今回は受け手を「女性」と決め、彼らと共有できるものとして「働く」をテーマに選んだ。それを念頭に「アングル」を選ぶことになる。

（従って、男子社員同士での下ネタや、上司が持つような経営への懸念などは選ばれない）

そうすると「ツリー」も「ノートの真っ黒な書き込み」も受け手の想像の範囲を逸脱していないことになる。

（最終的にもう一度精査する）

ぼくはそこでの「ノートの真っ黒な書き込み」を「共有エリア」と呼んでいる。脳のノートに書き連ねた言葉のすべてが、受け手と送り手の「共有エリア」である。

**この「共有エリア」は「受け手がベネフィットと感じること」の推定の精度を改善してくれる。**

次ページを見ていただきたい。カンタンすぎて説明もいらないかもしれないが、重なっている部分が「共有エリア」である。それは受け手の考えていることだが、それは同時に送り手の考えていることでもある。

「受け手」の考えていることを「発想」のフローを通して明らかにして、それを「共有」するのである。そうすることによって、「受け手」の喜びは自分の喜び、「受け手」の不満は自分の不満とすることになる。

「仕事はできるようになってはきたが、自信と自信喪失を行ったり来たり」
「年齢は気になる、よくも悪くも」
「仕事は半分、人間関係だ」
「通勤は眠いのだ」

受け手との「共有エリア」からテーマを眺めてみる。

「未来を思う暇はない」
「しかし自分を伸ばしたい」
そこに送り手と受け手の思いに齟齬はない。

**共有エリアから受け手に向けてメッセージを送ることは＝自分に向けてメッセージを送ることだ。**

「受け手の言って欲しいことを（受け手に）言ってあげる」ことは＝「自分の言って欲しいことを（自分に）言ってあげる」ことだ。

自分の言って欲しいことがそのまま「受け手がベネフィットと感じること」なのだから、「送り手の想定する受け手のベネフィットと、受け手が認めるベネフィットが違う」の事態は避けられる。

（ただし、女性に特に関わること、女性にしかわからないことはあらかじめ省いてある。「女性の恋愛観・結婚観」などは、ぼくのような男には共有しようがないからだ）

「共有エリア」のための「発想」のフローを完成させてみる。

**受け手と共有できる「テーマ」を設定する↓「アングル」×「ツリー」↓「共有エリア」↓「アイディアの発見」↓受け手にとっての「ベネフィット」の選択・決定↓それを受け手に「伝える」**

それを実践してみると、こんな思いを描くことができた。

「ようやく仕事に手応えが出てきた自分。それはやりがいと責任を連れてくる。毎日は忙しく、未来を思う暇もない。そんな中でも『もっと』の気持ちは持っている」

それはぼくの思いであり、ターゲット（受け手）とする、女性たちの思いでもあった。それを応援されることに、ぼくも彼女たちも「ベネフィット」を感じる。

そして、「私って、いいね。」というキャッチフレーズとして「伝えた」。

「人生いろいろあるけど、それも楽しみながらがんばっている自分を肯定して前に進みたい」

キャッチフレーズなので言葉は削ぎ落とされてはいるが、それはまさしく当時のぼくの「言って欲しいこと」でもあった。

このテレビCMのメッセージは、キャッチフレーズ＋ナレーションからなっていた。

資生堂 企業CM「私って、いいね」シリーズ

具体的には、次のようなものである。

「歳をとることと衰えることは、別のことです。私って、いいね。」

「20歳で観た映画を30歳で観た。違って見えた。私って、いいね。」

「同窓会。人生の正解はひとつじゃないと思った。私って、いいね。」

「子供を抱いて思う。おかあさん、ありがとう。私って、いいね。」

そんな言葉が、スムーズに出てきた。「自分の言って欲しいこと」だったからだ。

## 共有エリア❶　部下の女子が飼い犬を亡くした

何度も繰り返すが、広告コミュニケーションと日常のコミュニケーションに大きな差異はない。

右のようなテーマを仮に設定して考えてみたい。

彼女が悲しみに沈んでいるとして、どのような言葉をかけるか。そのような時も「共有エリア」に立つとよい。

ここでもやはり、**「共有できそうなテーマ」→「アングル」×「ツリー」→「共有**

**エリア」→「アイディアの発見」→「ベネフィット」→「伝える」**で考える。
「部下の女子」「飼い犬」「慰める」という状況である。
（ぼくがその架空の上司なら、ということで進めます）

●**「共有できそうなテーマ」**

大切な存在を失うということ。

（ぼくは父を亡くしている。これまでに飼い犬も何匹か。もしそういう経験がなかったり犬に興味のない人ならば、失恋も近似値かもしれない。要はその「失った」という共有できそうなポイントから、どう想像できるかということ）

●**「アングル」×「ツリー」**

「アングル」は、とりあえず3つ。
（必ずしも10個もなくていいのです）

○悲しむ側↓涙、ペットロス・空洞、写真・思い出・長い時間、やる気なし、もう飼いたくない、生命への思い、（老犬ならば）老後の介護……
○慰める側↓心配、同情・一緒に泣く、困惑・他人事・踏み込めない、自分の同種の経験、気晴らし……
○亡くなった犬↓（人間の気持ちに変換して）感謝、心配、犬から見る思い出、生まれ変わったら……

（「ツリー」の先に置く言葉は、単語でもいいし文章でもいい。しかしそこに意味の限定的な言葉を置くと、そこから想像しにくくなることもあり）

## ●「共有エリア」と「アイディアの発見」

ぼくも10数年前に父親を亡くした時は数カ月間呆然としていた。ただ悲しいだけだった。何も考えたくなかった。そういう時は前向きな慰めは耳に入らないものだ。「お父さんのためにも元気出さなきゃ」とか。泣いてくれる友人は嬉しかった。それだけ自分のことを思ってくれているという意味で。しかしこの状況では一緒に泣くわけにもいかない。生き物は必ずいつかは死ぬ。それは親も飼い犬も同じだ。送る側もそれはよくわかっている。ただそれを冷静に認める段階じゃないからだ。思い出が頭の中でぐるぐる回っている時期にそれをやめろという権利は誰にもない。ましてや他人だ。ここまで悲しんでもらえるとは、よほど愛されていたに違いない。見たこともないが、幸せな犬だったんだろうな。

## ●「ベネフィット」

誰かが「大切な存在を失うこと」は、あくまでもその人の問題である。心を痛めることのできるのはその人の状況であって「失った」対象ではない。「本人がいちばん望む状態であること」の提案が本人にとって最善ではないだろうか。

## ●「伝える」

「悲しいだけ悲しめばいいいと思うよ。ぼくも無理して立ち直れない」「時間をかけて送ってあげればいいと思う」

ぼくだったら、そう伝える。

「元気出してよ」では、あまりに他人事。

彼女は冷静ではない。それは彼女もわかっている。そういう時の正論は意味がない（これもぼくとの共有エリア）。ただそれが「大切な存在を失った」時には普通のことであること、自分もそうであること、そのまま何も変えないでいいということを伝える。彼女は冷静でない自分の状況を認められたことで（しかもそれが怖い上司ならば）、明らかなベネフィットを感じる。

（悲しい時は泣きたいだけ泣けばいいと思いますよ、ほんとうに）

## 共有エリア❷　気の弱いクライアント課長へのプレゼン

それをうまく通すためにはどうするか。

状況は「クライアントの課長」「プレゼン」である。あくまでも架空の話なので、内容の出来はおいといて。

**●「共有できそうなテーマ」**

プレゼンの成功。

（どんな意地悪なクライアントも、プレゼンの失敗は願わない。実現に向けた首尾よく通過したいはずである）

**●「アングル」×「ツリー」**

○担当課長→社内プレゼンが下手、頭も性格も悪くない、専門知識は豊富、出世したいとは思っているらしい、わが社に好意的……

○その上司→忙しい、短気、最近他部署から移動してきた……

○作業内容→専門的、中規模の案件、競合他社あり……

## ●「共有エリア」と「アイディアの発見」

プレゼンを直接受ける担当の課長は社内プレゼンが苦手なのか、これまでの仕事でも課長絶賛、社内説得できず、なんてことがあった。その結果再プレゼンが重なり、人の意見を聞きすぎて最終的には原型を留めないものとなってしまう。その経緯にもかかわらず実効性が問われ、課長と我が社は矢面に。しかも新部長は作業に関して専門的な知識に乏しく、なかなか理解してくれないらしい。今回の案件は特に専門的で課長のいつもの社内プレゼンでは乗り切れる可能性は低い。その事情は競合他社も同様で、ある意味企画のよし悪し以前の問題となっている。つまり各社横並びだ。この状態が続けば我が社のシンパである課長が異動させられるかもしれず、困ったものだ。

## ●「ベネフィット」

専門知識に乏しい人に専門的なプレゼンすることには無理がある。理解を強いることになるからだ。エライ人は特に自分が使役されるのを嫌う。「その役割を課長に負わせない」という提案が望ましい。

## ●「伝える」

「プレゼンの書類を2種類用意します。内容はもちろん同じ。ただし一つは専門的でそのまま実施に移れるもの。もう一つは専門知識のない人にも苦もなく理解できるように、まず骨組みを明快に」

部長や、専門知識の乏しい他部署の人も理解が容易だ。しかも相対的に短時間ですむ。エライ人にもストレスがない。課長にとっても苦手なプレゼンが簡潔になることはありがたい。みんなにベネフィットがある。課長に恩を売ることにもなる。

「こっちはいいプレゼンをするので後はよろしく」では、やはり幼い。

「可愛がっていたペットを亡くした部下への言葉」も「口うるさい上司に悩むクライアント担当者への提案」も同じく「共有エリア」に立てばよい。受け手の尺度、価値観を共有するということである。

「そのままの状態でだいじょうぶ」「上司に説明しやすい提案内容や体裁」というアイディアにもたどり着きやすい。

## 第３章　まとめと課題

この章では、うまく伝わらない理由❸「受け手との『共有エリア』に立っていない」の解消について展開してきた。

第1章では「言葉のメカニズム」「受け手がすべてを決める」「ベネフィット」という「伝える」ことの原理原則について書いた。

第2章では、「伝える」ことを実現するために必要な「脳内データベース」の拡充の方法、主に「脳内経験」について書いた。

第2章を「伝える」ための「インプット」の方法だと考えると、第3章は「伝える」という「アウトプット」に向けた方法と考えることができる。

まとめると以下のようになる。

◉「アングル」とは「主観」のリスクを避け、複数の視点を持ちテーマを俯瞰するために欠くことのできないもの。

◉「ツリー」は「アングル」を起点に「脳内経験」により、「発想」の幅を広げユニークさや的確さを探るもの。

◉「アングル」×「ツリー」↓「脳のノートに書き込む」↓「アイディアの発見」という「発想」のフロー。

◉「発想」のフローに「伝える」受け手を設定することによって、「共有エリア」が明らかになる。

◉「共有エリア」が把握できれば、「受け手の言って欲しいことを言ってあげる」は「自分の言って欲しいことを言ってあげる」ことと同じである。


第4章では、「伝わる言葉」「伝わらない言葉」を検証したい。

第4章

# 「言葉」の使い方

ここまでに、伝わらない原因は解明した。

その解消方法も提案してきた。

それでもまだ、

面倒くさくて厄介なことは残っている。

それは「言葉」の問題だ。

ぼくは本書の冒頭に、コミュニケーションが難しい理由として、「面倒くさいから。それと、想像以上に厄介だから」と書いた。また「伝わらない原因を解明します。そしてその解消の方法を提案します」とも書いた。

解明されていない原因でコミュニケーションがうまく運ばないとすれば、そりゃ面倒くさい。とりあえず、ここまでに原因は解明した。その解消方法も提案してきた。

しかし、まだ「面倒くさくて厄介」なことは、残っている。

「脳内データベースへの蓄積」「発想の方法」の先にあるのは、再び「言葉」である。**どれだけすばらしい「発想」も、不用意な言葉遣いでパーになることは珍しくない。**

そんなことが起こるのは、言葉の本質を認識せずに（もしくは認識した上で）、あまりに乱暴に扱いすぎるからだ。その乱暴さの原因は言葉にある。言葉の「面倒くさくて厄介」な本質が、人にそうさせているのだと考えている。

## よんの橋とアボガド

例によって、昔話から。

かれこれ30年近く前になるか、いわゆるバブルの頃。ある飲み会（早い話が合コン）で、ちょっとカワイイ女子と東京都港区白金1丁目のある焼肉屋の話になった。今でこそ「予約の取れない店」として知られているが、その店のある港区白金は当時どの地下鉄の駅からも歩いてたっぷり20分のいわゆる陸の孤島で、今のようにネット情報もなく、いわゆる「知る人ぞ知る」異様にうまい肉と異様に怖いおばちゃんの店だった。ぼくはその近所に住んでいた。

そんな場所のそんな店を「なんで知っているの？」とぼくが聞くと、彼女「その近所に友達が住んでいるから」。（やった！　共通の話題が増えたぜ、しめしめ）と「どの辺？」ぼく。「よんのはし」彼女。「よんのはし？」ぼく。「そばに商店街あるでしょ？　お風呂屋さんもあって」彼女。

「あ、金春湯《こんぱる》ね。でもあそこ『よんのはし』じゃないよ、『四《し》の橋』」

ぼくの喋り方に、からかうような、たしなめるようなニュアンスがあったとしたら申し訳なかった。

（彼女たぶんそれまで、自分の言葉を訂正される経験なんかなかったのかも）

彼女は機嫌を損ねたように、しかし平然と「私たちは『よんのはし』と呼んでいる」と言った。もちろんそれを機に会話もしぼみ、気まずく席を移ったことを覚えている。彼女はタクシーで行き先を告げる時にも「よんのはし」と言っていたのだろうか？　タクシーの運転手さんは聞き返さなかったのだろうか？　それよりもあのときぼくの方から「よんのはし」と言い直し、あのまま会話をつなげるべきだったんだろうか？

20世紀、「アボカド」は「アボガド」だった。

外来語は必ずしも原型を守っているわけではないので目くじらを立てるほどのことではないが、むしろ小差だからか気持ち悪かったのかもしれない。その間違いをテーマにテレビCMをつくったこともある。

（スペイン語やポルトガル語では「アボガド」。そっち由来とするのならそれでいいが）

21世紀になって「アボガド」派は少数にはなったが、しかし根強く社会の端々に潜伏している。

あるカフェのメニューに「エビとアボガドのシーザーサラダ」と書かれている。

それを食べたければ、正論を曲げて「アボカド」を「アボガド」と発音しなければならないのか？

「アボカド」が正解であるかのように発音して店の人の顔を潰すのはためらわれるし、行きつけの店でもなければ訂正してあげるのも差し出がましい。それどころか（あ、この人、アボカドだってw）と思われるかもしれない。

かといって「アボガド」に迎合するのも憂鬱だ。結局頼むのをあきらめるか、「エビのこれ」とメニューを指差すことになる。

「よんの橋」も「アボガド」も取るに足らないエピソードだと思われるかもしれない。しかしぼくがそこに見るのは、受け手を認識せず「オレの言葉はオレのもの」とでもいいたげな「言葉ジャイアン」の姿である。

## 言葉不全

そんな「言葉ジャイアン」は、調査結果の数字としてしっかりと実在が確認されている。

総理府文化庁が毎年調査（対象は全国16歳以上の男女、平成28年度においてはｎ＝２０１５）及び公表している「国語に関する世論調査」。その中の言葉の意味を問う項目では、毎回とても滑稽で、そして笑えない報告がなされている。
ぼく自身、恥ずかしながら平然と誤用していた言葉も含めていくつか挙げてみる。

**「穿《うが》った見方」**（平成23年度調査）
その意味を「ひねくれた（物事を疑ってかかるような）見方」だとする人が48・２％。「物事の本質を捉えた見方」だとする人が26・４％。正しい意味は後者。
「穿つ」という言葉自体が「雨垂れ石を穿つ」のように「掘る、開ける、突き抜く」などの意味なので、そこまで遡れば誤用するきっかけもないように思えるのだが。
（ぼくも誤用していました）

**「憮然《ぶぜん》」**（平成19年度調査）
その意味を70・８％が「腹を立てている様子」だとし、17・１％が「失望してぼんやりとしている状態」だとしている。正しい意味は後者。

**「(話などの) さわり」**(平成28年度調査)
その意味を55・3%が「(話の) 最初」だとし、36・1%が「(話の) 要点」だとしている。正しい意味は後者。

**「姑息」**(平成22年度調査)
その意味を70・9%が「卑怯な」だとし、15・0%が「一時しのぎの」だとしている。正しい意味は、これまた少数派の後者。

(いくつ正解でした?)

グルメ記事などで「敷居の高い店」という言葉をよく目にするが、「高級過ぎたり上品過ぎたりして入りにくい(45・6%)」というのは本来誤用で、「相手に不義理などをしてしまい行きにくい(42・0%)」というのが正しい意味。だとすると、記事中の100%は誤用なのではないか。「相手に不義理などをしてしまい行きにくいレストラン」など紹介されても読者が困るだけだから。(この誤用も含め、誤用も一般的になれば意味を是認されるケースもありますが)

そもそも言葉は意味が共有されていることが前提に使われる。ところが多くの言葉に関して、送り手か受け手のどちらかが意味を取り違えているか、受け手がその意味を知らないかすれば伝わるわけがない。

**会議での発言を上司に「キミは実に穿った見方をするね（なかなかいいね）」と多くの人の面前で叱責（？）された。**
**（あんまりな仕打ちだ←キミの誤解だ）**

**ぼくが失恋して呆然としていたら、それを見かけた仲のいい同僚がみんなに「アイツ憮然としてたぜ（そこが心配）」と言うもんだから、ぼくが何に腹を立てているのかが話題に。**
**（あの男、許さん←あの男が正しい）。**

**観たい映画をすでに観て来た先輩に「さわりを聞かせて」とお願いしたら、頼みもしないのに重大なエピソードにまで及びそうな勢い。**

**（ネタバレじゃないですか↑でも先輩が正しい）**

**打ち合わせでクライアントから「拡販期のプレゼントキャンペーンに予算を割り振りたい」との意向が示されたが、生活者の商品性の理解を先だと自分なりに考え「そんな姑息な手段ではなく、中期的なブランディングを急ぐべきではないでしょうか」と提案したら「クライアントに卑怯とはなんだ！」と出禁になりました。**

**（酷いじゃないですか↑キミが正しい）**

「日本語の乱れは困ったね」はバラエティ番組では失笑できても、実社会ではまったく笑えないことになる。伝わらないどころかかなりの高確率で誤解すら量産する。「アングル」や「ツリー」を駆使して「ベネフィット」「共有エリア」を想定し、そこまでして伝えようとしてみたところで、言葉一つがそこまでに築いてきた受け手と送り手の良好な関係もひっくり返してしまう。

その言葉自体が共有されていないのである。

**ぼくはこの状況を、「言葉不全」と呼んでいる、**

## 言葉を使わない、という選択

少々の誤解も相手と良好な関係にあり、その後のやりとりが可能ならば解くこともできるかもしれないし、時間経過がのちのち笑い話にしてくれるかもしれない。ただし、それが許されるほど良好な関係である場合、しかも彼や彼女か自分の日本語おバカぶりを指摘したりされたりしながら笑って改められる場合、に限る。
（そんな指摘をクライアントや上司や微妙な関係の相手にできますか？）

**「キミは実に穿った見方をするね」という送り手である上司の言葉には、受け手である部下の「人前でほめられていい気分になる」というベネフィットが込められていた。それによって上司は「さらにやる気になってもらう」という自分の望む方向に部下を動かせるはずだった。ところが最後の予期せぬ落とし穴で、そのコミュニケーションは失敗どころか誤解という「言わない方がマシだった」という結末に至る。**

**正しく「憮然」という言葉を使ったら、70％以上の「間違えている人」に（あの人、言葉を間違えているわ。アホかしら）と思われる。**

**正しく「姑息」という言葉を使ったら、70％以上の「間違えている人」に（あの人わけわからないわ。ダメね）と思われる。**

言葉の意味を間違えている多数派は咎められることはなく、誤解され責められるのは正しい側。正しい側は相手の間違いを指摘することには、あげつらうようでためらいがあり、だから間違っている側は間違っていることにも気がつかない。

（「アボカド」「四の橋」のように）

ああもうアホらしくてやっとられん。言葉を正しく使おうとした人は、おそらくもうその言葉を使うまいと決意することになる。どう考えても「言葉不全」には出口がない。「ああ日本語はどうなるんだ！」嘆いても憤ってもいいと思う。

**でも、伝えたければ「そんな言葉は使わない」が唯一の正解だ。**

**しようがない、受け手がすべてを決めるのだ。**

## 言葉からの逃走

「国語に関する世論調査」の問いに答えて、全調査対象（16歳～70歳以上）の90％以上が「コミュニケーション能力は必要」と答え、また60％以上が「コミュニケーション能力とは言葉に関わる能力」と答えている。言葉を重視しているのは、ぼくだけの珍しい態度ではない。

しかし不思議なのは、90％がコミュニケーション能力を望み、60％が言葉を大切だと考えているのに、70％が「穿った見方」を誤用している（＋15％は言葉の意味を知らない）ということ。望み、認めているのであれば、もう少し言葉を丁寧に扱ってもいいはずなのに。

なぜそうなんだろうと考えた。言葉を伝えたいはずなのに、そこから逃げているようにも見えるのだ。

言葉が面倒くさいからだ。

## 原因は言葉にある

ぼくは言葉の面倒くささを、やはり広告を通して知った。

広告は「この商品・サービスにはカクカクシカジカのベネフィットがありますよ」と伝えて買わせようとするのだから、それは「約束」でなければ受け手は困る。「楽しそう」「大好きなタレントが使っている」も受け手にとっての買う理由だが、ことスペックなどの「約束」は言葉でしなければ正確さや具体性に欠く。だから広告の送り手の言葉には正確さや具体性が厳密に求められる。

「3分間でOK」と広告すれば、その商品やサービスは3分間でOKじゃなければならない。

「必ず当たる」と伝えたならば、必ず当たらなければならない。

「No.1」を名乗るならば、その根拠となる客観的な事実を示さなければならない。

「人類が生まれて以来の発見です」とコピーを書けば、その発見は古墳時代にもルネッサンス期にも存在してはならない。

「あなたの夢の実現を応援します」と宣言した企業は、必ずお客様の夢の実現を応援してくれなければ許されないのである。

広告の言葉を信じて購入したお客様からすると、「約束」を破られれば怒りは小さくない。

もし「約束」がもともと根拠や実現性のないようなものならば、その広告が責められるだけではなく、場合によっては商品、サービスや企業ごと袋だたきにあう。だってそれは「ウソ」をついたことになるのだから。

広告は相も変わらず、頼みもしないのに現れて、やたらと買え買えと勧めるけしからんコミュニケーションだと思われているが、これほど正確さや具体性を課されているものも多くはないと思う。

広告表現は自由そうに見えて、外からも内からも制約が多いものだ。特に言葉には、法律や、業界の自主規制や、媒体社の考査や、広告会社内の法務や、関係者の常識や理性など、幾重にもチェックがなされる。

ぼくはそれに従うことを、責任ある仕事をする者たちの矜持《きょうじ》だと思っている。
それが面倒くさくないかと言われれば、もちろんとても面倒くさい。

## 言葉は約束である

しかしその「約束」は、もちろん広告に限らない。

繰り返し書いているが、広告は特殊な人が、特殊なミッションのために、特殊なメディアを用いて伝えようとする、特殊なコミュニケーションではない。そこにおける言葉は特別なルールで作用しているのではない。

「広告は約束」の遥か以前に、言葉自体が「約束」なのだ。
言葉がそれを用いる者へ要求する厳しさは、ぼくらの日常の言葉の本質的な性質に他ならない。それが面倒くさくて「言葉不全」が世に現れてしまったのだ。

とかく「約束」とは面倒くさいものだ。

日常生活での「約束」とは、「新橋XビルB1のZというバーに20時に行きます」「借りたバーベキューセットはきれいに洗って今週中に返します」「もう二度としないと約束して」というようなもの。「約束」は守ろうねと子供の頃から教えられ、破ると針千本飲まされたりする。

それらの文中で重要な言葉は「新橋XビルB1のZ」「20時に」と「きれいに洗って」「今週中に」と「二度としない」である。そう分解して理解してみると「Z」も「20時に」も「きれいに」も「今週中に」も「二度としない」も、「約束」としては広告でよく見る「これまで以上」や「最安値」と差異はない。

つまり送り手の言葉が意味する内容は、広告も日常もコミュニケーションにおいては受け手に対する「約束」となる。「最安値」も「20時」も意味するままのフツーの言葉だが、受け手に伝わったとたんに「約束」へと変貌する。

つまり「アボガド」でも「アボカド」でも自分で納得している限りは、誤りであることには問題はない。ところがその果実には「これをアボカドと呼ぶ」という「約束」がある。だから「アボガド」に他人が接したとたんに、その人はよくて戸惑い、悪いと嘲笑する。

その「約束」は、言葉の本質的な厳しい性質による。言葉を発することは、同時にほぼ全否定することでもあるのだ。

例えば「赤である」という言葉は肯定形だが、同時に赤以外の全ての可能性を否定している。青でも黒でも茶でも白でも黄でもないということだ。

「木曜日」も「5％以内」も「前に進もう」も「反対です」も、それ以外の全ての可能性を否定している。

その他すべてを否定するということは、その言葉を発してしまった送り手に残された場所は極めて限定的なものであり（直径50センチの岩礁や頂に立つことを想像してみた）、プレッシャーも不快感も想像できる。その限定的な場所から踏み出せば「間違えている人」「ウソついた人」になってしまうのだ。

やっぱりイヤだよね。ちょっと口にしただけなのに、自分の言葉なのにいちいち「約束」だなんて。

だから「アボガドでだいたい伝わるんだからいいだろ」「私たちは『よんの橋』と呼んでいる」「オレの言葉だ、文句あっか」ということになる。

「言葉ジャイアン」の気持ちもよくわかる。

## 曖昧にしたがる人々

ところが厄介なのは、**言葉が「約束」であるということを認識しながら、それを曖昧にすることで「約束」の縛りから逃れようとすることだ。**約束の怖さもあらかじめ把握しているから、解釈の余地や幅をあらかじめ確保するのだ。

先に述べたように、例えば「赤だ」と言えば「赤」以外の何物でもない。言葉の厳しさからすれば、その他の何物であってもいけない。

しかし「赤だと思う」「赤だったりして」「赤系で」と言葉を加工することによって「赤以外全否定」の深刻さは和らぐ。「赤」の解釈の幅が広がるのである。送り手が意図的に広げているのだ。

もちろんぼくは「『思う』とつけるべきではない」などとは思ってはいない。論点を明確にしすぎて議論を先鋭化させることを避ける、なかったら困る言い方である。また、日常会話の一言一言で「約束」の負荷を背負い込むのは勘弁してくれ、というのも自然な人情である。意味を特定し過ぎると言葉が痩せてしまうのではないか、という考え方もある。

**しかし言葉の曖昧化は、多かれ少なかれ必ずコミュニケーションを阻害する。**「約束」はしているようには思われたい。しかしいかようにも解釈できるように表現して、厳密には違うと責められることのないようにしておきたい。その切なる思いと言動は政治家を見ればよくわかる。

彼らが昔から多用する言葉に「ちゃんと」「きちんと」「しっかりと」がある。「ちゃんとした考え方に則って」「きちんとした計画のもとに」「しっかりと遂行いたします」という具合に用いるのが彼らの文法としては正しいようだ。

**ところが「約束」の体裁をとりながら何も「約束」していない。「ちゃんと」を図る尺度を提示していないから。するつもりもないから。**「80%を目指して」「5年以内にゼロにします」と言えればいいのだが。

「ちゃんと」では、ちゃんと伝わらない。

定番は「遺憾」。なんのこっちゃら。

最近よくあるのが「あるとは承知しておりません（ないとは言っていません）」「そう感じられたとすれば謝罪しなければなりません」。ごめんなさいだろ。

その言葉の約束の曖昧さは、「意味を特定し過ぎると言葉が痩せてしまう。受け手に解釈の幅を与えることも言葉の滋味ではないか」には当たらない。単なるズルである。

（しかしよく思いつくもんだわ）

## 曖昧の害

「ちゃんと」も「きちんと」も「しっかりと」も、それこそちゃんとした日本語である。ぼくはもちろんその言葉を糾弾しているわけではない。しかし少なくとも仕事には使わない方がいい。

**それらの言葉の意味内容の理解は、主観によるものだからだ。**

お互いの主観の理解であるがゆえに、送り手の「ちゃんと」と受け手の「ちゃんと」はあらゆる場合で、程度差はあろうが必ず異なる。

もし何かの仕事でその発注者が「ちゃんとしたもの」をお願いしたとすると、もちろん受注者は「ちゃんとしたもの」はお任せくださいと請け負うはずだ。その段階での「ちゃんと」は一見共有され、その場では期待も意気込みも完成図も共有したかのような盛り上がりを見せるかもしれないが、結果は必ずしもハッピーなものになるとは限らない。

上がってきたプランや現物によっては、発注者は「ちゃんとしていない」と眉をしかめる。それを伝えると受注者は「こんなにちゃんとしているじゃないか」と当惑か不服の様子だ。

その件の発注が受注者への深い信頼や理解に基づくものであったとしても、受注者の作業が誠実極まりないものであったとしても、そんな過去の合意は「ちゃんと」をめぐる議論がひとたび起これば、もうすでに意味はない。


**原因は「ちゃんと」という言葉を用いたこと。**

発注者は自分の「ちゃんと」の内容や尺度を、受注者に明確に伝えておくべきだった。
ぼくは仕事で「面白い」という言葉を使わない。
その種の言葉もやはり各人の主観によるものなので、すぐに「面白いでしょ?」「どこが面白いの?」という状況に陥る。

**同様に「かわいい」「かっこいい」「感動的な」などの言葉も、よほど綿密な共有がなされなければ仕事では使うべきではない。**

「ちゃんと」系齟齬は、日常生活にも頻繁に顔を出す。

**子どもの躾「ちゃんと片付けなさいと言ったでしょ」「ちゃんと片付けてるじゃんか」。**

**夫婦の会話「もう少し家のことちゃんとしてよ」「オレのどこがちゃんとしてないんだよ」。**

**誰かを介した人の紹介「ちゃんとした人だよ」「どこが?　無責任な紹介しないでよ」。**

**ラーメン屋「厳選の素材でしっかり出汁をとり」「それでこれかよ」。**

あたりまえだが、人はそれぞれ価値観が違うのだ。
価値観が違う同士が、「ちゃんと」「しっかりと」というおのおのの主観による尺度（どのくらい達成すれば「ちゃんと」なのか）を共有している方が稀である。それを顧みることなく言葉を送るのは無謀というもの。伝えたければ、ここでも受け手の正確な尺度を共有するべきなのだ。

ある人々にとって（そしてぼくにとっても）、「言葉は約束である」が面倒くさい。「言葉なんて誰にでも使えるのだ」「普通の会話だろ?」「だいたいでいいじゃないか」「アボガドで伝わるでしょ?」「いっそ『穿った』の意味を変えてしまえ」話は「受け手がすべてを決める」以前に逆戻りだ。

気持ちはわかります。でも、だから伝わらない。

言葉は約束である。ゆえにその意味は送り手と受け手の間で共有されなければならない。約束だから守られなければならない。言葉は具体的で正確なコミュニケーションを行える唯一の方法なのに、わざわざその伝える力を骨抜きにするとはどうかしている。

本書は「うまくいかない原因を明快にして→それを解消する」をウリにしている。つまり「原因をなくするだけ」のことなのである。

ここでも同様に、**言葉の正しい意味を知り、適切に用い、曖昧な言い方は可能な限り避ければいいだけのことである。**

具体的には、例えば「穿った見方」は使わないほうがいい。

言葉の誤用やそもそも知らないことは、国語という観点からは憂うしかないが、間違えていると思われてまで使う必要はない。ここでも「すべては受け手が決める」のだ。受け手が意味を間違えていたり知らなければ、その言葉は伝わるわけがない。

もちろん大勢がそうだからといって、誤用して帳尻を合わせるべきでもないが。

「ちゃんと」「しっかりと」という言葉は、絶対使っちゃいけないと思っているわけではない。人生には、とりあえず曖昧にしておいたほうがいいこともある。**ただそれらの語によって「曖昧になっている」ことを認識できていればの話だ。**

**そして、それらの曖昧語を多発する人間をあまり信用しないほうがいいと思う。**

「言葉ジャイアン」は「オレの言葉だ、好きなように使わせてもらうぜ」という人々だが、そういう気持ちがなくても言葉に対する「不用意さ」は似たような結果をもたらす。

例えばぼくが後輩に「あの飲み会では大はしゃぎだったね」とメールを送ったとする。ぼくは「楽しそうでよかったよ」といういい意味で書いたにもかかわらず、彼は「はしゃぎ過ぎを戒められた」と受け取った。

ぼくは「オレの言葉だ」と思ってはいないが、このケースでは明らかに受け手への想像力を欠いた「不用意な」言葉だ。特に日常的な言葉において、「受け手」は抜け落ちやすい。その結果、人間関係の誤解やギクシャクをもたらしてくれる。

（誤解されるほうも悪い）

SNS上の炎上も、そんな「不用意さ」「無邪気さ」によるものである。

しかしそれに対する対応はシンプルだ。**受け手への注意や想像力、もしかしたら誤解されるかもということの恐怖を忘れなければよい。**

（それがまた、面倒くさいのですけどね）

## 伝わる言葉、伝わらない言葉

「伝わる言葉」が明らかになってきた。

「伝える」「伝わる」とは、自分の言葉によって受け手を自分の望む方向へ動かす、ということである。ここまで書いてきて、うまく伝えるための条件のようなものが絞れてきた。

**その言葉に受け手にとってのベネフィットがあること。**

**受け手の理解の範囲を超えないこと。（知識がない、意味を知らない、漢字が読めないなど）**

**その言葉に受け手にとっての妥当性があること。**

**誤解や行き違いを避けるために、曖昧な言葉は控えること。**

上記のことをすべて満たしても「必ず伝わる」とは限らないが、一つでも欠けるとうまく伝わらない。

さらに、その言葉の提案がユニークじゃなければ、喜んでもらえない。

いろいろな言葉について具体的に見てみたい。

### 実例①

先に「部下の女子が飼い犬を亡くした」というケースを考えたが、相手が「友人（男40歳）が長年一緒にいた飼い犬を亡くした」というケースならどうなるか。

「男だろ、我慢しろよ」は、男同士だとしても乱暴な発言である。

人間なら四十九日まで霊はそばにとどまっていてくれるそうである。

「しばらくはそばで見守ってくれているらしいぜ」ならどうだろう。

### 実例②

取引先の担当者を12時にオフィスに呼びたい。

「12時に来てください」よりも、「12時にお待ちしています」の方が受け手は気がラクだ。

同じ「来てもらう」にしても、受け手だけに「来る＝行く」と動くことを強いるのではなく、送り手自身も「待つ」ことを実行しようとしているからだ。

**実例 ③**

あまり乗り気じゃない友人をパーティに誘いたい。

「来てよ。お願い」だと、たぶん来てくれない。

「来てよ。来ないとみんな寂しがるよ」という言葉には、「自分はみんなが寂しがってくれる存在だ」という、いい気分になれるベネフィットと、また「みんなを寂しくさせる」という罪悪感まで感じる。

**実例 ④**

作業のミスでクライアントに謝罪だ。

「申しわけありません。今後気をつけます」はビジネスでは謝ったことにならないのかもしれない。

「申しわけありません。原因をご報告し、今後二度と起こらないようにいたします」は「原因から断つ」と約束している。「気をつける」という緩いものではなく「起こらない」という強く約束している。

## ✔ 実例⑤

友人に願いを聞いてもらってそれに感謝したい。


「無理を聞いてくれてありがとう」では、間違えてはいないがありきたり。

「恩に着るよ」という言い方なら言葉に力がある。ただ、まだ送り手側の気持ちにとどまっている。

「借りができたな」という言葉には、受け手のベネフィットがある。（いつか返す）ということを約束している。

### 実例⑥

とにかく感謝を伝えたい。

「ありがとう」でも、もちろん十分伝わる。でも「ありがとう。嬉しいよ」と少し付け加えるだけで、少しだけれども明らかに違う。受け手は感謝を伝えてくる人を「嬉しい気持ちにさせた」というベネフィットを感じている。

### 実例⑦

不動産屋さんで賃貸物件を探している。

「いい部屋をお願いします」という気持ちを、どう効果的に伝えるかである。「これまで部屋運悪かったんですよ」というと、いい担当者ならがんばってくれるかもしれない。「そんなお客様を自分の力でなんとかしてあげる」というのもプロにとってはベネフィットだ。

## 実例⑧

お客様にワンピースを売りたい。

「よくお似合いですよ」はよくあるセールストーク。（どうせ口だけでしょ）と思われる。

「あれれ？　初めて着たんじゃないみたいですね」と言ってみたら、同じ意味でも言葉の新鮮さが違う。多少の演技力は必要だとは思うが。

## 実例⑨

遅刻の言い訳。

「通勤途中に急の腹痛で」は事実だとしても、しようがないなと渋々許容されるだけである。

「電車の中で漏らしそうになりまして」みんな多かれ少なかれ経験があることだし、素直に（そりゃ大変だったね）という気持ちになれる。何よりもクスッとする。遅刻を帳消しにするにとどまらず、ちゃっかりキャラクターもアピールしている。

**実例⑩**

言い訳をする。

「そんなつもりじゃなかった」という言い訳では、反省しているようには聞こえない。「そんなつもりじゃなかった、は言い訳ですよね」なら明らかに反省している。怒ったりクレームをつけたりすると、「(私の怒りを受け入れてくれて) 反省している」もベネフィットになる。

**実例⑪**

オフィスの壁を水色にしたい。

「水色にしたいんだ。だって水色が好きなんだ」という社長の主張は、社長のエゴとも取られかねない。

「水色にしたいんだ。だって来た人に『あの水色のオフィスね』って覚えてもらえる

よ。

「やってみて」よりも「任せたよ」の方が、受け手はやる気になるかもしれない。

「少々お待ちください」よりも「ただいま参ります」の方が、受け手は気分がいいはずだ。

「穿った」「姑息な」などは使わない方がいい。誤った意味はもちろん、正しい意味でも。

「その宿題、ムズイよ」とは先生に言わない方がいい。先生は「ムズムズするほどイヤだ」と取りかねない。

「骸骨」「梟」「蠟燭」という漢字を使いたければルビを振らなければならない。それ以前に「ガイコツ」「フクロウ」「ろうそく」でいいのではないか

## 第4章　まとめと課題

この章では、うまく伝わらない理由❹「言葉は思いのほか大変だ」の解消について展開してきた。

第1章～第3章で「伝える」ための方法論を書き連ねてきたが、第4章では「言葉」について具体的に触れた。

まとめると以下のようになる。

◉「言葉不全」という実情。意味が共有されなければ、正確に伝える手段がない。

◉「言葉は約束である」という難しさが「言葉」を破壊する気持ちに結びついているのではないか。

◉「受け手がすべてを決める」のだから、「言葉不全」の実情は受け入れるしかない。

◉「約束」から逃れるために「曖昧」にする人がいる、しかしそれでは「伝える」ことはできない。

◉「言葉」という最終アウトプットで選択を誤ると、そこまでのことが台無しだ。

# あとがきのようなもの

もう15年くらい前になるが、中目黒の鎗《やり》ヶ先というところに住んでいました。珍しく早く仕事を終えたある夕方、中目黒駅から自宅に向かう坂を歩いていたら、駆け下りてくる自転車と正面衝突。ケガはしなかったものの、当然「気をつけろよ」程度のことは言うわけです。

そうしたら「オマエが悪いんだ」と自転車男、25歳くらい、感情のこもらない声と表情で。

「何言ってんだ！　こういう時は自転車が気をつけるんだろ？」

「よそ見してたオマエが悪いんだ」

確かにぼくはすれ違った女の子をぼーっと見ていた。もしかしたら少し脇に逸《そ》れたのかもしれない。それでぶつかったのならば、こちらにも落ち度はある。しかし「オマエが悪いんだ」で済まされる覚えはない。

当時の代官山風の服装と流行りのマウンテンバイク。ごくフツーの若者に見えたのだが、「オマエが悪いんだ」の一点張り。状況に出口なく、会話にすらならず、痺れを切らせたぼくが「ははーん、オマエずっと、こうやって人のせいにして生きてきたんだろ」と言ったら、自転車男、感情むき出しにして面白いほど怒った怒った。

ぼくはそれを無視して歩き去ったが、「何言ってんだ！」と騒いでいる。

（背中から来ないかと緊張しながら）

そこまで怒るのはわかっていたんだけど。

最後の最後になんでこんな性格の悪い話を書いたかというと、これも「伝える」ということだから。

「伝える」とは「受け手を自分の望む方向へ動かそうとする」こと。その最善のツールが「言葉」。

ここまで読んでくれたみなさんの「うまく伝えたい」という思いに悪意はないはず。その時の受け手への想像力は他者への思いやりにも似ている。

ただ言葉がツールだとすると、それ自体に善意も悪意もない。あるのはそれを用いて伝える人の善意と悪意である。言葉はその善意と悪意に全力で応えてくれる。「受け手の言って欲しいことを言ってあげる」ことを身につければ「受け手の言って欲しくないことを言ってやる」こともできる。

受け手を深く傷つけるように、言葉を「うまく伝える」こともできる。


「伝える力」は、使い方一つ。癒すことも脅すこともできる。

「伝える」ことには、真摯で臆病なくらいでちょうどいいと思います。


最後に「コミュ力」について。

コミュニケーション能力とは「自分の考えを理解させることができる」「会話のキャッチボールがうまい」「場の空気が読める」とかの能力のことらしい。異論はないが、どうにも漠然としている。

ぼくは「コミュ力」とはコミュニティの壁を跨《また》いで、コミュニケーションできる力だと考えています。

ぼくらはさまざまなコミュニティに属している。会社だったり、学校だったり、地方だったり、何かのスポーツや誰かミュージシャンのファンだったり。そのコミュニティの中にいるもの同士ならば、コミュニケーションは比較的に容易です。例えば「同じ会社」というコミュニティの中ならば、さまざまな価値観や尺度、情報の共有もなされているから、ヴィジョンも愚痴も噂話も語り合うのもスムーズだ。

しかしコミュニティを異にする者同士だと、そうはいかないことも多い。「若者」というコミュニティに属する人の「それヤバくね」という言葉は、「オジサン」というコミュニティに属する人には意図した意味通りには伝わらない。「東京」というコミュニティで「たぬきそば」というものを食べようと「大阪」の飲食店で注文しても、思ったものは出てこない。東京では「天かすがのったそば」だが大阪では「おあげがのったそば」です。

そんなちょっとした言葉の行き違いなら少しのやりとりでなんとかなりそうだが、そこにはしばしば利害もからんでくる。

企業間、社内の部署間、店と客、（コミュニティの本来の意味ではないが）個人と個人まで、日常生活で行き違いのネタには困らない。それが巨大化すると、国家間や宗教間の紛争にもなるが、コミュニティ間の価値観と尺度の齟齬という構図は同じこと。

そのコミュニティで流通している価値観やそれを表現する言葉は、そこでしか通じないということを考えると暗号のようにも思えます。日本語だって、基本的には「日本」というコミュニティでしか通用しない暗号と考えることもできます。

価値観や尺度が違うもの同士が暗号で伝えあおうなんて、もちろんうまくいくわけがない。そこに必要なのが、共有エリアです。

それを自分で用意してコミュニティの壁を取り除くことのできる力が、「コミュ力」ということだと思う。

本書では、そのつもりで書いてきました。

コミュニケーションは、面倒くさくて厄介で、やっぱり難しい。ただその困難の原因もはっきりしています。原因もわからずに悩むより、それを知って解消に努める方がよほどラクですよ。１００万倍。あとは少しばかり茶目っ気でもあれば、なんとかなるものです。

グッドラック！

２０１８年８月

山本高史

最後の最後に。

この本の担当の広瀬さんは、古い友人。ひょんなことから再会して、このような書籍となりました。昔は単なる飲み仲間だったから知らなかったけど、いやあ実にパワフルな人。

あなたがいなければ何も存在しなかった。ほんとうにありがとう。

轡田さん、坪井さん、すばらしい装丁に仕上げてもらってありがとうございました。

小島くん、いつもすてきなイラストをありがとう。

鈴木を中心に、中迫、阿部と事務所のスタッフが大いに助けてくれました。これからもよろしくお願いします。

この本は、ぼくがこれまで考えてきたことの大きな節目となりました。このような機会を与えていただいたすべての人に、心から感謝申し上げます。ありがとうございました。

［著者プロフィール］

**山本高史**（やまもと・たかし）

クリエーティブディレクター、コピーライター
1961年生まれ。85年大阪大学文学部卒。同年電通に入社。コピーライターとして活躍し、数多くのキャンペーン広告を手がける。2006年に電通を退社、コトバ設立。
TCC最高賞、クリエイター・オブ・ザ・イヤー特別賞など多数受賞。2013年から関西大学社会学部教授も務める。

# 伝わるしくみ

2018年9月27日　第1刷発行

著　　者　山本高史
発 行 者　石﨑 孟
発 行 所　株式会社マガジンハウス
〒104-8003 東京都中央区銀座3-13-10
書籍編集部　☎03-3545-7030
受注センター　☎049-275-1811

印刷・製本　株式会社リーブルテック


ISBN978-4-8387-2992-0　C0095